AF287748

WESTEND

A.T. MOUSSA TCHANGARI

Sahel

WARUM DIE KRISENREGION AUCH EIN EUROPÄISCHES PROBLEM IST

Mit einem Vorwort von
Kerem Schamberger

Aus dem Französischen von
Christoph Birk Schermelleh
und Lea Mara Eßer

WESTEND

Mehr über unsere Autoren und Bücher:
www.westendverlag.de

Die Deutsche Nationalbibliothek verzeichnet diese Publikation in
der Deutschen Nationalbibliografie; detaillierte bibliografische Daten
sind im Internet über http://dnb.d-nb.de abrufbar.

Das Werk einschließlich aller seiner Teile ist urheberrechtlich geschützt.
Jede Verwertung ist ohne Zustimmung des Verlags unzulässig. Das gilt
insbesondere für Vervielfältigungen, Übersetzungen, Mikroverfilmungen
und die Einspeicherung und Verarbeitung in elektronischen Systemen.

ISBN 978-3-86489-440-4
© Westend Verlag GmbH, Neu-Isenburg 2023
Umschlaggestaltung: Buchgut, Berlin
Satz: Publikations Atelier, Weiterstadt
Druck und Bindung: CPI – Clausen & Bosse, Leck
Printed in Germany

Inhalt

Vorwort

Die Länder der Sahelzone waren lange Zeit auf der politischen Weltkarte Deutschlands wenig präsent. Das hat sich im Laufe der letzten Monate verändert – und das nicht nur, weil vom Putsch und der ausgebrochenen Gewalt berichtet, sondern auch, weil die Rolle des Westens endlich kritisch beleuchtet wird. Kommen die Gelder der Entwicklungszusammenarbeit wirklich der nigrischen Bevölkerung zugute oder dienen sie anderen Zielen?

Es ist an der Zeit, endlich die progressiven Stimmen aus dem Süden hierzulande sichtbar zu machen – und dazu leistet dieses wichtige Buch einen Beitrag. Denn oftmals werden die Perspektiven der Menschen vor Ort ausgeblendet, erscheint der globale Süden als etwas weit Entferntes, das nichts mit uns zu tun hat. Eine Unsichtbarkeit, die politisch gewollt ist. Hat doch unsere imperiale Lebens- und Produktionsweise einen massiven Einfluss auf die Leben der Menschen zum Beispiel in der Sahelzone; und meist keinen positiven. Erinnert sei hier etwa an den extraktivistischen Zugang zu Rohstoffen im Niger. Ein Land also, das ein wichtiger Lieferant für Uran ist, mit dem die Atomkraftwerke in Frankreich betrieben werden. Der Uran-Abbau hat katastrophale Konsequenzen für die Umwelt im Niger und verschmutzt das dortige Grundwasser. Die Bevölkerung erhält von dem abgebauten Reichtum fast nichts, die Infrastruktur des Landes ist verfallen. Auch um diesen Abbau militärisch abzusichern, halten sich (noch) Hunderte französische Soldaten im Land auf. Das ist eine Form des Neokolonialismus, der bei großen Teilen der Bevölkerung auf Ablehnung stößt und nun seinen Beitrag zum Militärputsch Ende Juli 2023 geleistet hat. Dies mit dem Ergebnis, das sich Frankreich sowohl militärisch als auch diplomatisch zurückziehen muss. Das ist Ausdruck einer Zeitenwende, die sich im gesamten Sahel beobachten und den Einfluss des Westens insgesamt geringer werden lässt. Viele Menschen haben genug von der Unsicherheit. Die zeigt sich nicht nur ökonomisch, sondern drückt sich auch aus in einem wenig erfolgreichen Kampf gegen den Terrorismus, der nicht zuletzt von Armeen aus Europa geführt wurde.

Moussa Tchangari, Generalsekretär der Menschenrechtsvereinigung Alternative Espace Citoyens, berichtet seit Jahren mit seinen scharfen und furchtlosen Analysen über die Verhältnisse im Sahel. Seit vielen Jahrzehnten kritisiert er lautstark die Fassadendemokratie im Niger, wenn er auch gleichzeitig heute nicht einfach in den Jubel vieler Menschen nach dem Putsch der Generäle mit einstimmt. So verweist er richtigerweise darauf, dass auch die Militärputsche zuvor in Mali und Burkina Faso die Sicherheit der Bevölkerung nicht wirklich verbessert haben und die Gefahr besteht, dass die Länder in einen Autoritarismus zurückfallen könnten, der an frühere Zeiten erinnert. Achille Mbembe verweist darauf, dass mit diesen Putschen das tatsächliche Unabhängigwerden dieser Länder vollendet wird. In welche Richtung sich diese nun jedoch entwickeln, ist hochgradig widersprüchlich und umkämpft. Umso wichtiger ist es, dass auch wir erfahren, wie von progressiver Seite aus darüber

diskutiert wird und welche Lösungen für den Sahel vorge-
schlagen werden.

Ein wichtiges Buch zu einem absolut drängenden und oftmals unterbeleuchteten Thema!

Dr. Kerem Schamberger,
medico international,
im Oktober 2023

Vorbemerkungen
zur deutschen Ausgabe

Als ich im August 2017 diesen Text zur aktuellen Sicherheitskrise in der Sahelzone verfasste, beschränkte sich diese auf den Norden Malis und das Tschadseebecken; sie hatte noch nicht das Zentrum Malis, den Westen Nigers und vor allem noch nicht den Osten und Norden Burkina Fasos erreicht, ein Land, in dem es zuvor noch nie eine bewaffnete Rebellion gegeben hatte. Alle diese Länder der Sahelzone wurden damals von zivilen Regimen geführt, die aus mehr oder weniger akzeptablen Wahlen hervorgegangen waren, und nur wenige hätten darauf gewettet, dass diese Regime einige Jahre später vom Militär hinweggefegt werden würden.

Die Idee, diesen Text zu schreiben, ist aus zahlreichen Gesprächen mit Menschen aus unterschiedlichen Kontexten hervorgegangen – mit Wissenschaftlern, Akteuren der Zivilgesellschaft, Diplomaten, Journalisten, normalen Bürgern und politischen Entscheidungsträgern; Personen mit Interesse für die Sicherheitslage in der Sahel-Sahara-Region und im Tschadseebecken, von denen einige eine tiefgreifende Beunruhigung zum Ausdruck brachten. Diese Gespräche ließen bei mir den Wunsch aufkommen, einige meiner Überlegungen mit einem breiteren Publikum zu teilen, in der Hoffnung, zur Entstehung einer ernsthaften Debatte über die Herausforderungen der damals neuartigen Situation beizutragen.

Mit der Entscheidung, mein Buch nun auf Deutsch zu veröffentlichen, verfolge ich das gleiche Ziel, nämlich eine Debatte über die Zukunft dieser Region anzuregen, deren Lage sich nunmehr noch sehr viel schlechter darstellt als vor sechs Jahren. Wie bereits damals leicht zu erahnen war, gelang es auch durch den massiven Einsatz ausländischer Militärkräfte, insbesondere aus Frankreich, den USA und Europa, nicht, die bewaffneten Gruppen zurückzudrängen. Vielmehr haben die autoritären Bestrebungen zu einer Reihe von Militärputschen geführt (zwei in Mali, zwei in Burkina Faso, einer in Niger und im Tschad), welche, wie anzunehmen ist, in naher Zukunft den Rest eines ohnehin wenig zufriedenstellenden demokratischen Experiments ganz vernichten werden.

In der Sahelzone hat der politische und militärische Einfluss Russlands, der sich aus Ressentiments gegen den Westen, insbesondere Frankreich, speist, in den Kreisen der Macht und auf den Straßen der Großstädte erheblich zugenommen; dabei zeigt er sich nicht nur in der auffälligen Präsenz des privaten Militärunternehmens Wagner in Mali, das hier den Platz der aus dem Land gedrängten französischen und MINUSMA-Streitkräfte eingenommen hat. Vielmehr ist die russische Flagge, die bei Straßenprotesten geschwenkt wird, zum allgemeinen Symbol des Misstrauens der Bevölkerung gegenüber den westlichen Mächten geworden.

Durch dieses Buch, das ein Versuch ist, die großen politischen Herausforderungen der aktuellen Sicherheitskrise in der Sahelzone zu beleuchten, wird zunächst die Einzigartigkeit dieser Krise herausgestellt; denn es ist wichtig, daran zu erinnern, dass diese Krise die schwerwiegendste ist, die die Länder der Region seit der Erlangung der Unabhängigkeit im Jahr 1960 erlebt haben. Es ist das erste Mal, dass diese Länder Erfahrungen mit Terrorismus machen, mit tödlichen Anschlägen, die bisweilen sogar im Herzen ihrer Hauptstädte verübt werden; und es ist auch das erste Mal seit dem Präzedenzfall im Tschad, dass die regulären Streitkräfte eines Sahelstaates die Kontrolle über große Gebiete verlieren und dass ausländische Kräfte zu Hilfe gerufen werden. Auf den folgenden Seiten möchte ich vorab einen kurzen Überblick über die jüngsten Entwicklungen geben.

Die Gefahr des Militarismus
in der Sahelzone

Der Militärputsch, der am 26. Juli dieses Jahres in Niger stattfand, ist nach jenen in Mali, Burkina Faso und dem benachbarten Tschad seit 2020 der sechste seiner Art im Sahel, einer Region, die unter einer beispiellosen Sicherheitskrise leidet. Er unterscheidet sich von diesen jedoch sowohl durch die Vorgehensweise – die Entführung des Präsidenten durch seine eigene Leibgarde – als auch durch die Umstände, unter denen er zustande gekommen ist: das Fehlen sichtbarer sozialer oder politischer Spannungen. Es war für viele Nigrer eine nicht geringe Überraschung, als sie am Mittwochmorgen, dem 26. Juli, mit der Nachricht erwachten, dass Präsident Mohamed Bazoum von der eigenen Leibgarde in seiner Residenz festgehalten werde; erst nach Einbruch der Dunkelheit wurde allen klar, dass es sich um einen Militärputsch handelte, wie ihn Niger in der Vergangenheit bereits wiederholt erlebt hatte.

Obwohl sich viele darüber im Klaren waren, dass es auch in Niger zu einem Militärputsch kommen könnte, erschien es doch schwer vorstellbar, dass dieser in einem politisch und sozial ruhigen Umfeld stattfinden würde. Die meisten Bürger gingen davon aus, dass ein solches Ereignis starke politische oder soziale Spannungen voraussetze, eine Lage also, in der das Eingreifen der Armee das einzige Mittel darstellt, um geordnete Verhältnisse sicherzustellen. Die meisten Anhänger von Präsident Bazoum und die in Niger gegründeten ausländischen Kanzleien waren ebenfalls dieser Meinung. Dabei vertraten einige die Ansicht, dass niemand es wagen würde, in einem solchen Umfeld die Macht an sich zu reißen, während andere davon ausgingen, dass ein Putsch der Präsidentengarde, deren Anführer bei den Militärs unbeliebt war, zum Scheitern verurteilt sein würde. Beide haben sich geirrt: Das Militär ist auf die politische Bühne zurückgekehrt.

Heute, fast zwei Monate nach der Machtübernahme durch die Armee, ist es für die internationalen Akteure noch immer schwer zu begreifen, wie Niger, das allgemein als das widerstandsfähigste Land der Sahelzone betrachtet wird, in die gleiche Lage wie einige seiner Nachbarn geraten konnte; dabei hatten viele Beobachter bereits vor den Militärputschen in Mali und Burkina Faso davor gewarnt, dass die Sicherheitskrise den Militärs in der ganzen Sahelzone eine Rückkehr zur Macht ermöglichen werde. Die meisten internationalen Akteure, insbesondere die westlichen, weigerten sich, dieses Risiko für Niger ernst zu nehmen – selbst dann noch, als dieser Fall bereits bei drei seiner Sahel-Nachbarn (Mali, Burkina Faso und Tschad), in denen sich unter günstigen Umständen Militärjunten etabliert hatten, für alle Welt sichtbar eingetreten war.

In den letzten zehn Jahren hielten die meisten westlichen Akteure an der von einigen Experten vertretenen Auffassung fest, dass Niger eine Ausnahme in der Sahelzone darstelle. Begründet wurde diese Annahme zum einen mit der politischen Stabilität des Landes, da es seit 2010 zu keinem gewaltsamen Bruch der verfassungsmäßigen Ordnung gekommen war, und zum anderen mit dessen relativer Widerstandsfähigkeit gegenüber den Angriffen bewaffneter Gruppen, die an mehreren Fronten, insbesondere im Osten und im Westen, operieren. Diese beiden Umstände wie auch die Tatsache, dass das Land vor kurzem die erste friedliche Machtübergabe zwischen zwei Präsidenten erlebt hatte, trugen dazu bei, den Mythos der nigrischen Ausnahme zu formen, der am 26. Juli auf brutale Weise in sich zusammengebrochen ist und eine Lawine an Reaktionen ausgelöst hat, die hauptsächlich von Überraschung und Wut geprägt waren.

Einhellige Empörung,
unterschiedliche Lösungsansätze

In Abuja, Nigeria, dem Sitz der Wirtschaftsgemeinschaft Westafrikanischer Staaten (ECOWAS), trafen sich die Staats- und Regierungschefs der Mitgliedsländer – mit Ausnahme jener, deren Mitgliedschaft ausgesetzt worden ist (Burkina Faso, Guinea und Mali) – zu einem Sondergipfel und verurteilten den Militärputsch in Niger aufs Schärfste. Sie verabschiedeten zudem ein beispielloses Sanktionspaket, das unter anderem die Schließung der Grenzen, die Aussetzung aller Handels- und Finanztransaktionen zwischen den Ländern der Westafrikanischen Wirtschafts- und Währungsunion (UEMOA) und Niger, das Einfrieren der Guthaben des Staates und der öffentlichen Unternehmen bei der Le Canard enchaîné und den Geschäftsbanken sowie die Aussetzung der Finanztransaktionen zwischen den Banken Nigers und der UEMOA vorsah. Zudem kündigten die westafrikanischen Staats- und Regierungschefs, die die Afrikanische Union und alle ausländischen Partner um Unterstützung für die Durchsetzung dieser Sanktionen baten, militärische Maßnahmen an, um die verfassungsmäßige Ordnung wiederherzustellen.

In Paris und Washington, den beiden westlichen Hauptstädten, die mit 1500 beziehungsweise 1100 Soldaten über die stärkste Militärpräsenz im Land verfügen,[1] löste der Staatsstreich vom 26. Juli eine wahre Schockwelle aus, und das nicht nur, weil ihre Dienste und Experten den Putsch nicht hatten kommen sehen – auch wenn diese, wie die Zeitung *Le Canard enchaîné* enthüllte, dafür zumindest in Frankreich den Zorn des Staatschefs zu spüren bekamen. Für Paris wie für Washington steht bei diesem Staatsstreich in dem Land, auf das sie nach den Enttäuschungen in anderen Teilen der Region – insbesondere in Mali – all ihre Hoffnungen gesetzt hatten, viel auf dem Spiel: Beide Hauptstädte sorgen sich neben dem Verbleib ihrer Truppen und Militärstützpunkte vor Ort auch um den wachsenden Einfluss ihrer Rivalen, insbesondere Russlands und Chinas, die den Ländern der Sahelzone lang ersehnte Perspektiven für eine Erweiterung der Partnerschaften sowohl im Sicherheits- als auch im Wirtschaftsbereich eröffnen.

Es ist an dieser Stelle wichtig zu erwähnen, dass Paris und Washington zwar die gleichen Sorgen hegen, aber nicht einig darüber sind, wie mit der durch den Staatsstreich vom 26. Juli ausgelösten Krise umzugehen ist. Die Differenzen zwischen den beiden Hauptstädten, die den Staatsstreich einhellig verurteilen und auch beide die Rückkehr zu einer verfassungsmäßigen Ordnung fordern, betreffen insbesondere die von der ECOWAS befürwortete Gewaltanwendung: Während Paris sich zur Beteiligung an einem möglichen Militäreinsatz in der Region bereiterklärt hat, mahnt Washington in dieser Sache zur Vorsicht und strebt eine diplomatische Lösung an. Die Position Washingtons wird nicht nur von fast allen Hauptstädten der EU-Mitgliedstaaten geteilt, sondern auch von Moskau und Peking, die sich offen gegen einen Militäreinsatz aussprechen, welcher ihrer Meinung nach schwerwiegende Folgen für die gesamte Sahelzone haben könnte.

In Addis Abeba, dem Sitz der Afrikanischen Union, deren Kommissionspräsident den Militärputsch frühzeitig verurteilte und die Wiederherstellung der verfassungsmäßigen Ordnung forderte, wurden die Beschlüsse des ECOWAS-Gipfels nur knapp vom Friedens- und Sicherheitsrat der ECOWAS bestätigt: Das Kommuniqué des Sicherheitsrates, das einige Tage nach der nicht wenig hitzigen Sitzung zur Lage in Niger veröffentlicht worden war, billigte zwar die Sanktionen und nahm die Entscheidung der ECOWAS, eine Bereitschaftstruppe zu entsenden, zur Kenntnis, enthielt aber auch einige Einschränkungen. Diese betreffen zum einen die Anwendung von Gewalt, für die der Rat die Beteiligung von Akteuren von außerhalb des Kontinents strikt ablehnt und eine Bewertung der wirtschaftlichen, sozialen und sicherheitspolitischen Auswirkungen einfordert. Zum anderen wird für die Strafmaßnahmen eine schrittweise Umsetzung verlangt, »um unverhältnismäßige Auswirkungen auf die Bürger Nigers zu vermeiden«[2].

Neben den Vorbehalten des Friedens- und Sicherheitsrates ist anzumerken, dass die Beschlüsse des ECOWAS-Gipfels, insbesondere die Androhung von Gewalt, von einigen Staaten der Region scharf kritisiert wurden. Die wichtigsten Reaktionen in diesem Zusammenhang sind jene der Militärjunten von Burkina Faso und Mali, die erklärten, dass ein militärisches Eingreifen der ECOWAS in Niger eine Kriegserklärung an die von ihnen regierten Länder sei, sowie die Reaktion Algeriens, das sich zwar für eine Wiederherstellung der verfassungsmäßigen Ordnung, aber gegen eine militärische Intervention in seinem südlichen Nachbarland einsetzte. Die algerische Regierung, die eine führende Rolle bei der Lösung der Probleme in der Sahelzone zu übernehmen beabsichtigt, hat sich als Vermittler angeboten und einen Fahrplan vorgelegt, der unter anderem einen sechsmonatigen Übergang unter der Führung einer allseitig anerkannten Person und Garantien für alle Parteien vorsieht.

Innerhalb der ECOWAS wurde der algerische Vorschlag von den Staats- und Regierungschefs der Mitgliedstaaten nicht kommentiert, obwohl die Idee eines kurzen Übergangs auch von ihrem amtierenden Präsidenten, dem Nigerianer Bola Tinubu, bei einem Treffen mit muslimischen Führern aus dem Norden seines Landes geäußert worden war. Diese Stellungnahme von Präsident Tinubu, eines jener Staatschefs, die am entschlossensten für eine Verteidigung der verfassungsmäßigen Ordnung eintraten, wurde von der regionalen Organisation nicht gebilligt. Dennoch deutet alles darauf hin, dass es dem nigerianischen Staatschef, der unter starkem Druck seitens der religiösen Führer und traditionellen Häuptlinge im Norden seines Landes stand, die wahrscheinlich im Hintergrund von den Netzwerken des ehemaligen nigrischen Präsidenten Mahamadou Issoufou mobilisiert worden sind, bereits gelungen ist, seine Initiative für einen Militäreinsatz in Niger zu bremsen.[3] Dies stellt die religiösen Führer des Nordens schon zufrieden, die sich in die nigrische Krise eingeschaltet haben, um zu erreichen, dass ebendiese Option aufgegeben würde.

Angesichts der geschilderten Reaktionen kann man sagen, dass der Militärputsch vom 26. Juli die Spaltungen und Einflusskämpfe zwischen den beteiligten Staaten auf internationaler und regionaler Ebene offengelegt hat. Dies ist sicherlich der Grund, warum die von einigen Experten vorgelegten Analysen den Schwerpunkt eher auf geostrategische Erwägungen als auf lokale Herausforderungen im Zusammenhang mit dem Kampf um die Macht und die Kontrolle über die Ressourcen unter den Eliten des Landes legen. Diese Analysen haben den Vorteil, dass sie das Wechselspiel der Interessen der internationalen Akteure offenlegen, und zwar sowohl bei der Einschätzung der Lage als auch bei der Suche nach einem Ausweg aus der durch den Staatsstreich vom 26. Juli ausgelösten Krise. Ihr Nachteil aber ist, dass sie dabei außer Acht lassen, wie nationale zivile und militärische Akteure sich in dieses Spiel einmischen und es für ihre eigenen Zwecke, nämlich die Rückeroberung oder den Erhalt der Macht, ausnutzen.

Manöver und Tricks der Junten

In den letzten Wochen ist deutlich geworden, dass sich die Militärputschisten und ihre zivilen Unterstützer sehr wohl darüber im Klaren sind, was die aktuelle Krise für die ausländischen Mächte bedeutet. Auch ist ihnen nicht entgangen, dass der aktuelle internationale Kontext, der von starken Rivalitäten zwischen diesen Mächten geprägt ist, gewisse Spielräume eröffnet, die sie nutzen können, um sich an der Macht zu halten. So ist festzustellen, dass das nigrische Militär bei der Durchführung seines Staatsstreichs zwei Faktoren nicht aus den Augen verloren hat, die es zu seinem Vorteil nutzen kann: erstens die Schwierigkeit, dass sich die ausländischen Mächte, obwohl sie die gewaltsame Machtübernahme einhellig verurteilen, nicht auf ein Vorgehen einigen konnten, um die Putschisten zur Rückkehr in ihre Kasernen zu zwingen. Zweitens die reale Möglichkeit einer Unterstützung autoritärer Restaurationsprojekte durch Mächte wie Russland und China[4], die solche Unternehmungen nicht als Bedrohung ihrer strategischen Interessen ansehen.

Neben diesen beiden Faktoren darf zudem nicht vergessen werden, dass die Militärputschisten und ihre zivilen Unterstützer nicht die in der Sahelzone tief verwurzelten Ressentiments gegenüber den vor Ort präsenten westlichen Mächten aus den Augen verloren haben. Dabei haben sie aus den Erfahrungen in Mali und Burkina Faso gelernt, dass diese Ressentiments, die mit einer starken Forderung nach Souveränität einhergehen, als Hebel dienen können, um das eigene Auftreten auf der politischen Bühne vor Ort zu legitimieren und jede Macht, die sich ihnen entgegenstellt, in die Defensive zu drängen. Die Aufkündigung der mit Frankreich geschlossenen Verteidigungsabkommen und die Entlassung des französischen Botschafters in Niamey sind eindeutig Teil dieser Strategie, die bereits von der malischen und der burkinischen Junta erprobt worden ist. Die politischen und diplomatischen Gewinne der nigrischen Junta sind beträchtlich und äußern sich in einer Deutung der Krise als einer solchen, die maßgeblich um die nationale Souveränität kreist.

In Niamey wie auch im Inneren des Landes gelang es der Militärjunta, die Präsenz ausländischer, insbesondere französischer Streitkräfte in den Mittelpunkt der aktuellen Krise zu rücken; und das, obwohl General Tiani diese Präsenz in seiner ersten offiziellen Erklärung selbst zu rechtfertigen schien, indem er von einer »willkommenen und geschätzten Unterstützung«[5] im Kampf gegen die bewaffneten Gruppen sprach. Die Radikalisierung der Junta in dieser Frage ist in erster Linie als Reaktion auf die harte Haltung Frankreichs zu verstehen, das sich offen für die Unterstützung einer möglichen militärischen Intervention der ECOWAS einsetzt. Die Junta hat hierbei ein doppeltes Interesse: Es geht nicht nur darum, die nationale und regionale Öffentlichkeit gegen eine Initiative zu mobilisieren, die berechtigte Ängste hervorruft, sondern es sollen auch die eigentlichen Motive des Staatsstreichs verschleiert werden, indem dieser feierlich in das noble Register der Kämpfe um die nationale Souveränität eingetragen wird – ein Thema, das in der Sahelzone derzeit sehr mobilisierend wirkt.

Heute, da mehrere Quellen darauf hindeuten, dass der Staatsstreich vom 26. Juli vor allem das Ergebnis regimeinterner Meinungsverschiedenheiten über die Verwaltung des Erdöl-Mannas war, hofft die Militärjunta, die drohende ECOWAS-Intervention nutzen zu können, um die nigrischen Streitkräfte und große Teile der Bevölkerung hinter sich zu vereinen. Sie scheint sich dabei jedoch des Umstandes bewusst zu sein, dass viele ihrer eigenen zivilen und militärischen Unterstützer auf klare Signale warten, dass sie nicht etwa den bewaffneten Arm des ehemaligen Präsidenten darstellt. Die Demonstrationen der letzten Wochen, deren Hauptthema der sofortige Abzug der französischen Streitkräfte aus Niger war, wurden von einigen zum Anlass genommen, die Junta daran zu erinnern, dass ihre Unterstützung nur dann endgültig gesichert ist, wenn sie sich vom ehemaligen Präsidenten distanziert, welcher beschuldigt wird, der eigentliche Anstifter zum Putsch vom 26. Juli gewesen zu sein.

Tatsächlich ist es von großer Bedeutung, sich bewusst zu machen, dass viele Unterstützer der Militärjunta die Berichte über die problematische Rolle des ehemaligen Präsidenten bei diesen Ereignissen sehr ernst nehmen. Dies hat seinen Grund zum einen darin, dass seine Nähe zum Hauptverantwortlichen des Putsches, General Tiani, der während seiner zehnjährigen Herrschaft für die Sicherheit des Präsidenten zuständig war, allgemein bekannt ist. Zum anderen war die Bevölkerung schon länger davon überzeugt, dass Issoufou durch die Ernennung seines Sohnes zum Leiter des Erdölministeriums weiterhin die Kontrolle über die Verwaltung dieser Ressource behalten wollte. Der nigrische Journalist Sidik Abba, einer derjenigen, die versucht haben, die wahren Motive des Staatsstreichs vom 26. Juli aufzudecken, berichtet, dass alles seinen Anfang mit einem am Vortag abgehaltenen Treffen zwischen Präsident Bazoum und seinem jungen Ölminister genommen habe.[6] Ziel des Treffens sei es gewesen, den Präsidenten dazu zu bringen, einen Freund des Ministers zum Leiter der neuen Gesellschaft zu ernennen, die mit der Verwaltung des Rohöls betraut werden sollte. Dies soll er kategorisch abgelehnt haben, was den Zorn des Issoufou-Clans hervorrief, der daraufhin die Putschmaschine in Gang setzte.

Der Geruch von Rohöl

Während der zweijährigen Amtszeit von Präsident Bazoum haben zahlreiche Beobachter der nigrischen politischen Szene die Vermutung angestellt, dass der Einfluss des ehemaligen Präsidenten Issoufou den Willen seines Nachfolgers, die Regierungsführung des Landes zu verbessern, negativ beeinflusst haben könnte. Die von Präsident Bazoum bei seinem Amtsantritt eingeleitete Politik der Offenheit und des Dialogs stieß auf zwei große Hindernisse: zum einen den Mangel einer deutlichen Unterstützung durch sein politisches Lager, angefangen bei seiner eigenen Partei, der PNDS-Tarayya, die diese Politik weitgehend als Bedrohung ihrer Interessen ansieht; zum anderen das Zögern der wichtigsten sozialen und politischen Akteure, die ihn als von seinem Vorgänger abhängig einschätzten und sich daher nicht voll und ganz auf ihn einlassen wollten. Die Wahrheit ist, dass Präsident Bazoum, der sich im Zeichen der Kontinuität wählen ließ – sein Wahlkampfslogan lautete »Konsolidieren und vorankommen« – es versäumt hat, seinen Willen, mit der Politik seines Vorgängers zu brechen, deutlich zum Ausdruck zu bringen.

Zwar war sein Wille, anders als sein Vorgänger den Dialog gegenüber der Konfrontation mit den politischen und sozialen Akteuren zu bevorzugen, allgemein bekannt, doch gelang es ihm nicht, diesen Willen in konkrete Handlungen umsetzen; angesichts der enormen Herausforderungen, vor denen das Land stand, wären Initiativen vonnöten gewesen, um einen breiten Konsens unter den Eliten zu erreichen. Die politische und wirtschaftliche Bedeutung, die einem breiten Elitenkonsens für ein Land wie Niger zukommt, wurde von dem britischen Ökonomen Stefan Dercon, im Anschluss an eine Vielzahl nationaler Akteure, auf einer von ihm angeregten Konferenz im November 2022 in Niamey herausgestellt. Der Autor von *Gambling on Development* stellt hierzu fest, dass es sich bei den Ländern, die ihre Volkswirtschaften und den Lebensstandard ihrer Bevölkerung erfolgreich verbessern konnten, um diejenigen handelt, in denen die Eliten formelle oder informelle Vereinbarungen miteinander getroffen haben, die konsequent auf ein integratives Wachstum und eine entsprechende Entwicklung ausgerichtet sind.[7]

Das Problem Nigers – eines jener Länder, deren Wirtschaft stagniert und in denen die Zahl der Armen noch immer steigt – besteht Stefan Dercon zufolge darin, dass es seinen Eliten nicht gelungen ist, solche Vereinbarungen miteinander auszuhandeln. Bedauerlicherweise ist die Aussicht, dass die Eliten dieses Problem angehen werden, um die relative Stabilität des Landes und die mit der Erdölförderung verbundenen Chancen besser nutzen zu können, mit dem Putsch vom 26. Juli in weite Ferne gerückt. Die Rückkehr des Militärs auf die politische Bühne, gepaart mit der offensichtlichen Komplizenschaft derjenigen, die die Jahre der Stabilität genutzt haben, um den Staat Niger in einen Klientelstaat zu verwandeln, wird die Chancen des Landes, von einer bislang günstigen historischen Konjunktur zu profitieren, weiter verringern. Denn auch wenn das Land noch immer auf erhebliche Einnahmen aus dem Export von Rohöl hoffen kann, bleibt angesichts des Appetits, den diese bereits wecken, die Herausforderung bestehen, eine transparente und auf die Verringerung von Ungleichheiten ausgerichtete Verwaltung dieser Einnahmen sicherzustellen.

Hierbei dürfen wir uns nichts vormachen: Das Risiko, dass die künftigen Einnahmen aus dem Rohölexport in erster Linie dazu dienen werden, den Stand einer neuen autoritären Macht zu festigen, wie man sie in vielen Ländern Afrikas und anderswo antreffen kann, ist beträchtlich. Wo dies bereits der Fall ist, haben die Einnahmen aus dem Rohstoffabbau autoritäre Tendenzen genährt und klientilistische Systeme gestärkt, die die Mehrheit der Bevölkerung ausschließen. Die putschenden Militärs in Niger haben sicherlich nicht aus den Augen verloren, welche Möglichkeiten die Aussicht, bereits im nächsten Jahr über diese Einnahmen verfügen zu können, für sie eröffnet. Mit diesen Einnahmen wird es ihnen nicht nur möglich sein, äußerem Druck besser standzuhalten, sondern sich auch die Loyalität einiger nationaler Akteure durch Korruption zu sichern. Die Wahrscheinlichkeit, dass das Ölgeld dazu verwendet wird, auf Entwicklung zu setzen, wie dies der britische Ökonom empfiehlt, bleibt also sehr gering. Vor allem angesichts der stetigen Verschlechterung der Sicherheitslage, die in der gesamten Region zu beobachten ist.

Neuerlicher Anstieg
bewaffneter Angriffe

Laut den Statistiken des Africa Center for Strategic Studies[8] hat sich in der Sahelzone die Zahl der Gewaltakte, an denen militante islamistische Gruppen beteiligt waren, seit 2021 verdoppelt – insgesamt wurden 2 912 derartige Vorfälle verzeichnet; dabei haben diese im Ganzen bis zu 9 818 Todesopfer gefordert. Des Weiteren geht aus den Daten hervor, dass sich 87 Prozent der Gewaltakte in der Sahelzone auf Burkina Faso und Mali konzentrierten, zwei Länder, die von Militärjunten regiert werden. Auf Niger hingegen, das wesentlich widerstandsfähiger ist als seine Nachbarn, entfielen nur 8 Prozent der Gewaltakte in der Sahelzone, wobei die Zahl der Todesfälle, die größtenteils mit den Kämpfen zusammenhingen, im Vergleich zum Referenzjahr um 54 Prozent zurückging. Diese Statistiken machen deutlich, wie sehr sich die Sicherheitslage in der gesamten Region verschlechtert hat. Gleichzeitig zeigen sie, dass die Militärputsche in Burkina Faso und

Mali bislang zu keiner Verbesserung der Situation geführt haben.

Tatsächlich muss man feststellen, dass die nationalen Armeen trotz der beträchtlichen Ressourcen, die ihnen zur Verfügung gestellt werden, gegenüber den bewaffneten Gruppen, die heute große Teile dieser Länder kontrollieren, einen schweren Stand haben. Dabei ist die Gefahr sehr groß, dass sich die Lage noch weiter verschlechtern wird, insbesondere durch die jüngste Wiederaufnahme der Feindseligkeiten zwischen der malischen Armee und den bewaffneten Gruppen, die das Friedensabkommen von Algier aus dem Jahr 2015 unterzeichnet haben. Informationen aus Mali deuten darauf hin, dass der von der herrschenden Junta geforderte Abzug der MINUSMA-Truppen zwischen Juli und September 2023 von einer Reihe gewalttätiger Ereignisse begleitet wurde: der Blockade von Timbuktu sowie den Angriffen auf ein Transportschiff und das Militärlager in Gao und Bourem. Diese Gewaltakte, die dschihadistischen und irredentistischen Gruppen zugeschrieben werden, wecken Befürchtungen in Niger; denn auch dort ist seit dem Militärputsch eine Zunahme der Angriffe bewaffneter Gruppen zu verzeichnen.

Heute, da die nigrische Militärjunta mit der drohenden Intervention der ECOWAS beschäftigt ist, befürchten viele Beobachter ein Erstarken der bewaffneten Gruppen, obwohl die regierenden Militärs in Niamey zu versichern bemüht sind, dass diese Gefahr durch eine bessere Koordination mit ihren Kollegen in Burkina Faso und Mali abgewendet werden könnte. Die Militärjunten dieser drei Länder, die vor kurzem ein entsprechendes Abkommen unterzeichnet haben,[9] sind sich in mindestens zwei entscheidenden Punkten einig: erstens in der Ablehnung der französischen Militärpräsenz und zweitens im Anstreben einer militärischen Lösung für die Sicherheitskrise in der Sahelzone. Sie lehnen also, wie die von ihnen gestürzten zivilen Regime, einen politischen Dialog mit den bewaffneten Gruppen ab. Unterschiede sind derzeit einzig in Bezug auf den Einsatz der Gruppe Wagner[10] festzustellen, die im Zentrum der Strategie der malischen Junta steht.

Nachdem die Sicherheitskrise in der Sahelzone nun ein volles Jahrzehnt angedauert hat, könnte die Rückkehr des Militärs an die Macht die Hoffnung auf einen Ausweg aus dieser Krise durch einen politischen Dialog mit den bewaffneten Gruppen noch weiter in die Ferne rücken. Und das, obwohl kurzfristig nichts auf einen militärischen Sieg der Armeen der Region über diese Gruppen hindeutet, die bei den jüngsten Anschlägen gezeigt haben, dass sie dazu imstande sind, großen Schaden anzurichten. Der Dialog mit den bewaffneten Gruppen, insbesondere den dschihadistischen, bleibt für das Militär in der Sahelzone ein Tabuthema, wie es auch für die zivilen Regime während der jahrelangen Sicherheitskrise ein Tabuthema war. Auch die politische Klasse, die Zivilgesellschaft und die Intellektuellen in der Sahelzone scheinen kein großes Interesse an diesem Thema zu haben, denn die meisten Akteure fragen sich noch immer, wie man mit fundamentalistischen Gruppen diskutieren kann, deren ideologisches Bezugssystem und politisches Projekt so weit von dem eigenen entfernt ist.

Die meisten Akteure sind sich indes sehr wohl darüber im Klaren, was politisch wie auch gesellschaftlich bei der andauernden Krise in der Region auf dem Spiel steht: Man ist sich des Umstandes bewusst, dass die Agenda der wichtigsten bewaffneten Gruppen, gegen die die regulären Streitkräfte kämpfen – seien es dschihadistische oder irredentistische –, auf die Errichtung einer neuen politischen und gesellschaftlichen Ordnung abzielt. Bekanntlich wollen die bewaffneten dschihadistischen Gruppen, die in zwei große Fraktionen (JNIM und EIGS) aufgesplittert sind, islamische Staaten errichten, die auf der Anwendung der Scharia beruhen, während die irredentistischen bewaffneten Gruppen, die bereits einen Großteil des malischen Nordens kontrollieren, für die Unabhängigkeit dieses Landesteils kämpfen. Bei der aktuellen Krise steht also nichts Geringeres auf dem Spiel als die Wahrung der territorialen Integrität und Souveränität der Staaten, die Achtung der Grundfreiheiten und der republikanischen Werte sowie die Bewahrung der Vielfalt und des sozialen Zusammenhalts.

Auf dem Weg zu einer autoritären Restauration

Durch den Militärputsch in Niger ist deutlich geworden, dass eine beträchtliche Zahl von Bürgern dieses Landes nicht weit davon entfernt ist zu glauben, dass ein Militärregime besser als ein ziviles Regime dazu in der Lage ist, die gegebenen Herausforderungen zu bewältigen. Diese Überzeugung versuchen einige intellektuelle Unterstützer der Militärjunta durch Analysen zu verdeutlichen, laut denen die Einführung der Demokratie einen ernsthaften Beitrag zur Destabilisierung der Staaten in der Sahelzone geleistet habe. Die Unterstützung für den Militärputsch speist sich nicht nur aus dem Groll, der sich während der zwölfjährigen Regierung der PNDS-Tarayya angesammelt hat, oder aus der Wut über die Sanktionen und Drohungen der ECOWAS. Sie speist sich auch aus einer Generalabrechnung mit dem Modell der repräsentativen Demokratie selbst, das als importiertes Produkt, wenn nicht gar als trojanisches Pferd des Westens dargestellt wird, das nur dazu diene, die Sahelzone zu spalten, um sie besser beherrschen zu können.

Man kann also sagen, dass nach Mali und Burkina Faso nun auch Niger auf dem besten Weg ist, die bittere Erfahrung einer Militärmacht zu wiederholen, wobei sich diese Erfahrung als weitaus furchtbarer erweisen könnte als jene, die das Land in der jüngeren Vergangenheit gemacht hat. Dennoch ist die Hoffnung, dass die nationalen und regionalen Akteure eine Anstrengung unternehmen werden, um die durch den Staatsstreich vom 26. Juli ausgelöste Krise in eine Chance zu verwandeln und die Demokratie wieder auf Kurs zu bringen, noch nicht ganz erloschen. Diese Krise hat, wie man sich erinnern sollte, die Spaltungen und Abspaltungen offenbar gemacht, die die nigrische Gesellschaft durchziehen. Gleichzeitig hat sie vielen Nigrern das Interesse der internationalen Großmächte an ihrem Land bewusst gemacht. Die verschiedenen Reaktionen auf den Militärputsch sowohl innerhalb als auch außerhalb des Landes sind sehr lehrreich, denn sie zeigen, dass viele Akteure sich gar nicht erst die Mühe machen, den Militärputsch in den Rahmen der globalen Krise einzuordnen, die die Sahelzone seit einem Jahrzehnt durchlebt.

Es ist jedoch wichtig, sich vor Augen zu halten, dass die Rückkehr des Militärs an die Macht in Niger, ebenso übrigens wie in Mali und Burkina Faso, nicht allein als Symptom einer Krise der Demokratie zu betrachten ist; vielmehr ist sie auch der Preis für das Scheitern aller bisherigen Bemühungen, die bewaffneten Gruppen zu bezwingen – angefangen beim Einsatz ausländischer Kräfte vor Ort, der nicht dazu geführt hat, die Unsicherheit in den Ländern zu verringern. Die Rhetorik der Militärputschisten in Niger, wie auch in Mali und Burkina Faso, ist in dieser Hinsicht eindeutig: Sie weisen die Schuld an diesem Misserfolg den zivilen Führern zu, denen sie vorwerfen, schlechte Entscheidungen getroffen zu haben, wie auch den ausländischen Kräften, die als Komplizen der bewaffneten Gruppen dargestellt werden. Für die Militärputschisten geht es nicht nur darum, den Anteil der Verteidigungs- und Sicherheitskräfte an diesem Misserfolg zu verschleiern, sondern sich vor allem als Befreier der Völker aufzuspielen, denen die zivilen Führer und ihre ausländischen Verbündeten nicht die Sicherheit bieten konnten, welche sie zu Recht erwartet hatten.

In Bamako und Ouagadougou haben sich Oberst Goïta und Hauptmann Traoré in diesem Spiel ihre Sporen als »Befreier der Völker« verdient, nicht indem sie entscheidende Schlachten gegen bewaffnete Gruppen gewannen, sondern indem sie die französischen Streitkräfte aus ihren Ländern vertrieben. In Niamey hofft nun General Tiani, der in die Fußstapfen seiner Kollegen aus Mali und Burkina Faso tritt, sich seinerseits die Sporen zu verdienen, durch sein Kräftemessen mit der ECOWAS, die ihm seine Macht zu entreißen droht, und mit Paris, das sich weigert, seine Streitkräfte aus Niger abzuziehen.[11] Die Prätorianer der Sahelzone mussten keine kriegerischen Heldentaten vollbringen, um als Helden gefeiert zu werden; das einzige, was sie hierfür zu tun brauchten, war, die Kritik an der Präsenz der französischen Streitkräfte aufzugreifen, denen eine Komplizenschaft mit den bewaffneten Gruppen vorgeworfen wird. Die kritischen

Stimmen sind selbst da, wo sie sich zaghaft zu äußern wagen, kaum hörbar, denn sie gehen im Konzert der patriotischen Propaganda unter, die von den Militärs und ihren zivilen Unterstützern orchestriert wird.

Angesichts dieses Klimas kann man ermessen, wie groß die Gefahr ist, dass die Länder der Sahelzone langfristig und dauerhaft in den Autoritarismus früherer Zeiten zurückfallen. In Mali und Burkina Faso ist die Lage bereits besorgniserregend. Dort sorgen neben dem staatlichen Repressionsapparat auch aufgeheizte Partisanentrupps dafür, dass jede abweichende Stimme zum Schweigen gebracht wird. Die Agenda der Militärregime besteht darin, den aktuellen Konflikt zu nutzen, um sich an der Macht zu halten, und aus diesem Grund scheinen sie keine andere als eine militärische Lösung für den Konflikt in Betracht zu ziehen. Die Pflicht all derer, die sich um die Zukunft der Sahelzone sorgen, besteht daher nicht nur darin, sich der gewaltsamen Machtübernahme und den bereits zu beobachtenden autoritären Tendenzen zu widersetzen, sondern auch den Anspruch des Militärs, für eine »totale Sicherheit«[12] zu sorgen, entschieden abzulehnen, da diese gemeinsam mit den Zivilmächten gescheitert ist.

Heute muss sich die Erkenntnis durchsetzen, dass die aktuelle politisch-sicherheitspolitische Krise in der Sahelzone, die den Weg für das Vordringen der Armeen auf die politische Bühne geebnet hat, in erster Linie eine Legitimitätskrise des postkolonialen Staates ist. Diese Krise, die sich darin äußert, dass die Staaten Schwierigkeiten haben, Sicherheit und Wohlstand für die in ihren Gebieten lebende Bevölkerung zu gewährleisten, hat einige Bürger dazu veranlasst, sich zusammenzuschließen, um selbst für ihre Sicherheit zu sorgen. Das kann man in Ländern wie Mali und Burkina Faso sehen, wo solche Initiativen zu tödlichen Konflikten zwischen Gemeinschaften geführt haben. Die aktuelle Situation in der Sahelzone lässt auf eine doppelte Dringlichkeit schließen: Erstens muss ein neuer sozialer und politischer Vertrag geschlossen werden, um den Staaten (wieder) die Kraft und die Mittel zu verschaffen, die ihnen fehlen, um ihren Verpflichtungen nachzukommen und an Legitimität zu gewinnen; zweitens muss unermüdliche Bildungsarbeit geleistet werden, um Bürgerinnen und Bürger auszubilden, die den demokratischen Werten stärker verbunden sind, und um die Politik zu verändern, damit sie ihre ursprüngliche Berufung wiederfindet: auf den Frieden hinzuarbeiten.

Mein Text erhebt nicht den Anspruch, alle Aspekte dieser Krise zu behandeln, geschweige denn Antworten auf alle Fragen zu geben, die sich in diesem Zusammenhang stellen; er ist vor allem eine Einladung zum Nachdenken über die politischen Entscheidungen und Strategien der nationalen und internationalen Akteure, die seit einigen Jahren um die Beilegung dieser Krise bemüht sind. Für viele Leser dieser deutschen Ausgabe ist die Sahelzone sicherlich eine weit entfernte Region, doch die Tragödie, die sich dort abspielt, betrifft alle Menschen dieser Welt.

Moussa Tchangari
Niamey, im September 2023

Anmerkungen

1. Frankreich und die USA teilen sich den Luftwaffenstützpunkt 101 in Niamey, auf dem Hunderte von Soldaten, Kampfflugzeugen und Drohnen stationiert sind. Die USA verfügen außerdem über einen Militärstützpunkt in Agadez, auf dem Drohnen vorpositioniert sind.

2. Friedens- und Sicherheitsrat, *Communique de la 1168ème réunion du CPS tenue le 14 août 2023, sur l'exposé actualisé de la situation au Niger*, August 2023, https://www.peaceau.org/uploads/1168.comm-fr.pdf.

3. Nigerianische Religionsführer, die sich als Vermittler aufspielten, reisten mehrmals nach Niger, um sich mit der Militärjunta zu treffen. Ihre Ansätze führten jedoch zu keiner Einigung in Bezug auf die Forderungen der ECOWAS.

4. Die Volksrepublik China, die ein wichtiger Partner Nigers ist, da die CNPC in Agadem in der Region Diffa Öl fördert, hat sich für eine Zusammenarbeit mit der Militärjunta entschieden.

5. Die angeführte Äußerung stammt aus einer von Tiani gehaltenen Rede, die in zahlreichen journalistischen Publikationen aufgegriffen wurde.

6. Veröffentlicht hat Sidik Abba seine diesbezüglichen Beobachtungen auf der Social-Media-Plattform X.

7. Vgl. Stefan Dercon: *Gambling on Development: Why Some Countries Win and Others Lose*. London 2022.

8. Das Africa Center for Strategic Studies (ACSS) ist eine vom US-Kongress gegründete und finanzierte Einrichtung des US-Verteidigungsministeriums zur Untersuchung von Sicherheitsproblemen, die in einem Zusammenhang mit dem afrikanischen Kontinent stehen. Es dient als Forum für bilaterale und multilaterale Forschung, Kommunikation, Ideenaustausch und Ausbildung und steht sowohl Zivilisten als auch Militärs offen.

9. Die Militärjunten von Burkina Faso, Mali und Niger verabschiedeten am 16. September 2023 die Liptako-Gourma-Charta, die sich auf das sogenannte Dreiländereck bezieht und durch welche die Allianz der Sahel-Staaten (AES) begründet wird. Dabei kommt der Letzteren unter anderem die Aufgabe zu, eine Architektur der kollektiven Verteidigung und der gegenseitigen Unterstützung aufzubauen.

10. Das private Sicherheitsunternehmen Wagner ist derzeit weder in Burkina Faso noch in Niger präsent, aber die Militärbehörden beider Länder haben Kontakt zu russischen Beamten aufgenommen.

11. Der französische Präsident Emmanuel Macron hat schließlich doch angekündigt, dass die französischen Streitkräfte bis Ende 2023 aus Niger abgezogen werden sollen.

12. Die Rede von »totaler Sicherheit« impliziert hier (wie auch an späterer Stelle im Text) das Versprechen einer »Law-and-Order«-Politik, also eines harten, mitunter brutalen Vorgehens zur Durchsetzung der Sicherheit (Anm. d. Übers.).

1

Die Sahelkrise
deckt die Grenzen
des Aktionsplans
der Vereinten
Nationen auf

Die Krise der Demokratie im Sahel

Heute, am Ende der 2010er Jahre, nach einem Vierteljahrhundert der Bemühungen um den Aufbau einer Demokratie, stehen die Staaten der Sahelzone an einem Scheideweg. Für viele von ihnen scheint die größte Herausforderung derzeit in der Aufrechterhaltung der territorialen Integrität zu bestehen. Das beste Beispiel dafür ist Mali, ein Land, das in diesen Tagen unter Aufsicht der internationalen Gemeinschaft steht, wobei der Staat den Großteil seines eigenen Territoriums nicht zu kontrollieren vermag. Einst galt das Land von Modibo Keïta (1915–1977), eine der Galionsfiguren der Emanzipationskämpfe und des progressiven Afrikas, als Erfolgsmodell für die Demokratisierung. Heute ist es der Inbegriff dessen, was man in bestimmten Kreisen als »gescheiterten Staat«[1] zu bezeichnen pflegt, mit einer Armee, die sich kaum gegen die verschiedenen bewaffneten Gruppen behaupten kann.

Zwar verfügt das Land noch über Institutionen, die für eine Demokratie charakteristisch sind, etwa einen in allgemeiner Wahl gewählten Präsidenten der Republik, eine Nationalversammlung, in der gewählte Volksvertreter sitzen, gewählte Gemeinderäte, eine offiziell unabhängige Justiz, eine freie und pluralistische Presse, eine Vielzahl politischer Parteien und eine aktive Zivilgesellschaft. Es stellt sich jedoch die Frage, wie viele Malier noch den Glauben aufrechterhalten können, dass die Zukunft ihres Landes wie auch ihr eigenes Schicksal in erster Linie von diesen Institutionen abhängen, wenngleich deren Existenz – was man auch immer von ihrer Wirksamkeit denken mag – für sie ein Quell berechtigten Stolzes ist.

Denn wirklich bietet die Existenz der genannten Institutionen in einem so schwierigen Umfeld wie dem malischen Grund zur Hoffnung; sie zeigt, dass es unbestreitbare Errungenschaften zu verteidigen gibt und darüber hinaus vieles zu gewinnen ist, damit die Bevölkerung ein würdiges Leben führen kann. An dieser Stelle ist die große Widerstandskraft und Zähigkeit des malischen Volkes hervorzuheben, dessen täglichen Anstrengungen es zu verdanken ist, dass sich das den Norden beherrschende Chaos nicht im ganzen Land ausbreitet; zugleich sollte man jedoch auch nicht den Umstand aus dem Blick verlieren, dass der Erhalt dieser Widerstandskraft und Zähigkeit auf lange Sicht gefährdet ist, zumal die bestehenden zentrifugalen Kräfte von der Nachlässigkeit einer zutiefst korrupten und gegenüber den Leiden des Volkes abgestumpften Machtclique profitieren.

Heute, im Jahr 2017, fünf Jahre nach dem blitzartigen Einfall bewaffneter dschihadistischer Gruppen in den Norden des Landes, haben sich die politischen Sitten, wie die kritischen Beobachter der politischen Szene in Mali einhellig betonen, kaum zum Positiven gewandelt. Die Regierung von Präsident Ibrahim Boubacar Keïta hat sich, obwohl sie im August 2013 aus einer als glaubwürdig eingestuften Wahl hervorgegangen ist, als genauso korrupt wie jene seiner Vorgänger erwiesen.[2] Die Fortsetzung des Krieges gegen verschiedene bewaffnete Gruppen, Dschihadisten und Irredentisten, wird vom malischen Staat offenkundig als willkommene Ausrede genutzt, um sich der Verpflichtung zu entziehen, dem geschundenen Volk öffentliche Dienstleistungen bereitzustellen, die diesen Namen auch verdienen. Die Sicherheit des Landes ist zu einer Angelegenheit ausländischer Armeen geworden; und das Wohlergehen der Bevölkerung liegt in den Händen internationaler NGOs.

Im benachbarten Niger ist die Lage zwar weniger bedenklich als in Mali, doch auch hier sind zahlreiche Herausforderungen festzustellen. Denn auch in diesem Land kommt es immer wieder zu blutigen Angriffen bewaffneter Gruppen auf die Verteidigungs- und Sicherheitskräfte wie auch die Zivilbevölkerung. Zwischen 2011 und 2017 hat sich die Lage im Südosten und Nordwesten des Landes, also in denjenigen Regionen, die an Nigeria beziehungsweise Mali grenzen, erheblich verschlechtert;[3] auch wenn der Zentralstaat anders als in Mali tatsächlich noch immer die Kontrolle über fast das gesamte Staatsgebiet hält – wobei diese Herrschaft nur durch zahlreiche Opfer seitens der Bevölkerung erkauft werden konnte. Genau wie in Mali hat die Verschlechterung der Sicherheitslage jedoch auch hier die teilweise eklatanten Mängel der staatlichen Institutionen offengelegt, insbesondere der Streitkräfte, die für die Wahrung der Sicherheit und des Friedens im Land zuständig sind, wie auch der Justiz, die darüber zu wachen hat, dass bei den Operationen der Letzteren die Menschenrechte gewahrt werden.

Sowohl in Mali als auch in Niger haben die aufsehenerregenden Taten bewaffneter Gruppen und die Terroranschläge eine regelrechte Schockwelle ausgelöst. Auch wurde die Zuversicht der politischen Behörden, dass die Streitkräfte dieser Bedrohung für die Sicherheit Herr werden können, grundlegend erschüttert. Bereits im Zeitraum zwischen 1990 und 2012 sahen sich beide Länder mit bewaffneten Rebellionen konfrontiert, die sie in mehreren Wellen durchliefen; doch gelang es der Armee stets, die Aufständischen mit mehr oder weniger großem Erfolg zurückzudrängen, wobei sie teilweise von ausländischen Mächten unterstützt wurden.[4] Zwar waren die Streitkräfte zu keiner Zeit dazu imstande, diese Bewegungen gänzlich zu zerschlagen; zumindest brachten sie es aber dahin, dass diese nicht in den Besitz großer territorialer Gebiete gelangen konnten; und das, ohne jemals auf ausländische Streitkräfte zurückgreifen zu müssen, außer für technische Hilfsleistungen − vor allem bei der Ausbildung von Soldaten und Offizieren.

Doch heute, im Jahr 2017, kann niemand mehr leugnen, dass der Umgang mit den internen bewaffneten Konflikten in Mali wie auch in Niger die Nachlässigkeit der herrschenden Eliten und ihrer ausländischen Unterstützer offenbar macht. Denn in den knapp fünf Jahren, die diese Konflikte nunmehr andauern, wurden keine nennenswerten Anstrengungen unternommen, um ein engeres Vertrauensverhältnis zwischen den Bürgern und ihren Institutionen (wieder-) aufzubauen. Obwohl die Staatschefs beider Länder aus der Demokratiebewegung der 1990er Jahre hervorgegangen und ideologisch durch die Schule der FEANF[5] gegangen sind, haben sie binnen kurzer Zeit jede Hoffnung auf Veränderung enttäuscht, die die Jugend anfangs in sie gesetzt hatte: Präsident Ibrahim Boubacar Keïta von Mali, indem er sich als unfähig erwies, auch nur die geringste Initiative zu ergreifen, um die Kontrolle über den nördlichen Teil des Landes wiederzuerlangen, obwohl dies der Hauptinhalt seiner Kampagne war, und der Präsident von Niger, Mahamadou Issoufou, indem er der zunehmenden Korruption mit unerwarteter Laxheit entgegentrat, und das in einem Land, in welchem alle sozialen Indikatoren – von Bildung und Gesundheit bis hin zu Ernährung und Beschäftigung – im roten Bereich liegen.

Der Umstand, dass sich die geschilderte Verschlechterung der Sicherheitslage in Mali und Niger in nationalen Kontexten abspielt, welche als eher demokratisch oder zumindest nicht autoritär gelten, wirft viele Fragen auf. Denn auch wenn beide Länder in der Vergangenheit bereits interne bewaffnete Konflikte erlebt haben, war doch die Anziehungskraft von bewaffneter Gewalt für die Jugend, deren überwältigende Mehrheit in demokratischen Verhältnissen geboren wurde, noch nie so stark wie in den letzten Jahren. Diese paradox anmutende Entwicklung ist zu einem ernsthaften Studien- und Reflexionsgegenstand für Experten, politische und soziale Akteure, Geheimdienstler und Offiziere der Streitkräfte wie auch der Polizei geworden. Plötzlich scheinen sie begriffen zu haben, welche Bedeutung dem Anwachsen des gewalttätigen Extremismus unter jungen Menschen zukommt.

Ein Gespenst geht um im Sahel – der islamistische Terrorismus

Die westafrikanischen Länder Mali und Niger sind, so muss man sagen, seit ihrer Unabhängigkeit an organisierte, gegen den Staat gerichtete Gewalt gewöhnt. Doch gefährdeten diese Gewaltakte nichtstaatlicher bewaffneter Gruppen zu keiner Zeit die territoriale Integrität. In diesem Sinne ist das, was 2012 in Mali geschehen ist, als eine neuartige Entwicklung zu bezeichnen. Es war das erste Mal, dass bewaffnete Gruppen, noch dazu Anhänger einer dschihadistischen Bewegung, einen großen Teil des Territoriums eines Sahellandes unter ihre Kontrolle brachten und eine eigene Verwaltung einrichteten. Ebenso kam es im Zuge dieser Ereignisse zu der ersten direkten militärischen Intervention der französischen Armee in dieser Region – mit Ausnahme des Tschad, wo sie schon sehr lange präsent ist. Und schließlich war es das erste Mal, dass eine Friedensmission der Vereinten Nationen in der Region stationiert wurde. Vor diesem Hintergrund sieht man leicht ein, dass die Frage des gewalttätigen

Extremismus für die betroffenen Staaten zu einem geradezu existenziellen Problem geworden ist.

Laut dem ehemaligen Generalsekretär der Vereinten Nationen Ban Ki-moon ist gewalttätiger Extremismus »ein direkter Angriff auf die Charta der Vereinten Nationen und eine ernsthafte Bedrohung für den internationalen und die Sicherheit«[6]. Diese Erklärung vom Januar 2016, die anlässlich der Vorstellung des von der internationalen Organisation verabschiedeten Aktionsplans zur Verhinderung von gewalttätigem Extremismus veröffentlicht wurde[7], benennt die wesentlichen Punkte. Sie bezeugt die Bereitschaft der Weltgemeinschaft, das offenkundig bestehende Band zwischen gewalttätigem Extremismus und Terrorismus anzuerkennen, wie auch die Einsicht, dass der Terrorismus eine umfassende Antwort fordert, die sich nicht auf Sicherheitsmaßnahmen beschränkt. Allerdings sind einige Akteure der Ansicht, dass die Reichweite dieses Aktionsplans durch das Fehlen einer einvernehmlichen Definition des Begriffs »gewalttätiger Extremismus« in erheblichem Maße eingeschränkt wird.

Im Februar 2016 prangerte ein Kollektiv zivilgesellschaftlicher Organisationen, bestehend aus den Organisationen Article 19, Amnesty International und 56 weiteren NGOs aus aller Welt, das Fehlen einer klaren Definition des Begriffs »gewalttätiger Extremismus« im Rahmen des Aktionsplans der Vereinten Nationen an. Die Gruppe bemängelte, dass es hierdurch zu einer Vermischung dieses Begriffs mit dem des Terrorismus kommen könne. Während auf der einen Seite die Aufstellung eines Aktionsplans zur Verhütung von gewalttätigem Extremismus begrüßt wurde, welcher die negativen Auswirkungen von Gewalt auf die Einhaltung der Menschenrechte und der Rechtsstaatlichkeit anerkennt, wurde zugleich darauf aufmerksam gemacht, dass »ein Verhalten ohne klare Definition als Straftat zu bezeichnen oder zu verbieten oder zu bestrafen unvereinbar mit dem Legalitätsprinzip ist, das die Grundlage der Rechtsstaatlichkeit bildet«.

Weiterhin wird in der Erklärung der genannten Gruppe betont, dass das Fehlen einer klaren Definition von gewalttätigem Extremismus »Menschenrechtsverletzungen und anderer Gewalt Tür und Tor öffnet«, wobei sie sich darauf beruft, dass »mehrere Regierungen bereits die Angewohnheit haben, politische Gegner, Journalisten und Menschenrechtsverteidiger als Extremisten oder Terroristen zu bezeichnen«. Die Unterzeichner argumentieren, dass »Initiativen zur Verhinderung von gewalttätigem Extremismus die Menschenrechte und Grundfreiheiten der Gemeinschaften, auf die sie abzielen, gefährden, die Arbeit von Rechtsverteidigern beeinträchtigen und die Unabhängigkeit der Zivilgesellschaft untergraben können«.[8] Die Befürchtungen dieser Organisationen rührten auch daher, dass einige dieser Initiativen zwar als nicht mit einer bestimmten Ideologie oder Religion verbunden dargestellt wurden, in Wirklichkeit aber auf Gruppen und Einzelpersonen abzielten, die einer bestimmten Gemeinschaft, nämlich jener der Muslime, angehörten.

Trotz der Bedeutung, die der Definition des gewalttätigen Extremismus zukommt, schien es mir klüger, an dieser Stelle keine eigene Definition vorzuschlagen. Erstens, weil sie ohnehin nicht maßgeblich wäre, und zweitens, weil das

Begriffsverständnis, auf dem der Aktionsplan der Vereinten Nationen beruht, für die Analyse völlig ausreicht. Danach wird gewalttätiger Extremismus bestimmt als die »Befürwortung oder Anwendung von Gewalt zur Förderung radikaler politischer, ideologischer oder religiöser Ansichten«[9], also von Ansichten, die sich nicht in ein allgemein akzeptiertes Denkschema einfügen. Im spezifischen Kontext von Ländern wie Mali und Niger wird mit der Rede von einem gewalttätigen Extremismus auf Figuren Bezug genommen, die in der neuen politischen Landschaft wohlbekannt sind: erstens bewaffnete Gruppen, die behaupten, für die Errichtung islamischer Staaten unter der Herrschaft der Scharia zu kämpfen, und zweitens bewaffnete Gruppen, die Unabhängigkeit oder Autonomie anstreben.

Fast zwei Jahre nach der Verabschiedung des Aktionsplans der Vereinten Nationen im Februar 2016 lässt sich leicht ermessen, wie groß die Probleme sind, die sich aus dem Fehlen einer klaren Definition des Begriffs Extremismus ergeben. Denn hierdurch erhält jeder Staat die Möglichkeit, den diesbezüglichen Aktionsplan nach seinem eigenen Verständnis des Phänomens oder sogar nach den Interessen der herrschenden Elite einzurichten. Aus diesem Grund ist überall auf der Welt die Tendenz zu beobachten, dass die wichtigsten Empfehlungen des Aktionsplans zur Verhinderung von gewalttätigem Extremismus nur bruchstückhaft und selektiv berücksichtigt werden. Das offensichtlichste Beispiel hierfür ist die Sahelzone, wo zwar keine Regierung die Relevanz des Plans offen in Frage stellt, die meisten von ihnen sich jedoch dafür entschieden haben, nur gegen den darin erwähnten »menschlichen Faktor und die persönlichen Motive«, die zu einer Radikalisierung führen, vorzugehen, anstatt die darin ebenfalls erwähnten »strukturellen und konjunkturellen Faktoren, die gewalttätigen Extremismus begünstigen«, zu bekämpfen.

Die Wahl zwischen der Bekämpfung religiöser Radikalisierung und der Verhinderung sozialer Aufstände

Laut dem Aktionsplan der Vereinten Nationen gibt es fünf strukturelle und konjunkturelle Faktoren, die den gewalttätigen Extremismus begünstigen. Den ersten dieser Faktoren bildet das Fehlen sozioökonomischer Perspektiven für junge Menschen, insbesondere auf dem Arbeitsmarkt. Zweitens sind hier Marginalisierung und Diskriminierung zu nennen, insbesondere beim Zugang zu öffentlichen Dienstleistungen und Beschäftigung. Der dritte Faktor umfasst eine schlechte Regierungsführung sowie Verstöße gegen die Menschenrechte und die Rechtsstaatlichkeit, welche Feindseligkeit gegenüber dem Staat hervorrufen und seine Legitimität untergraben. Der vierte Faktor bezieht sich auf lang andauernde und ungelöste Konflikte, die Elend und Probleme bei der Staatsführung zur Folge haben und Ressentiments in der Bevölkerung schüren. Schließlich nimmt der fünfte Faktor auf die Radikalisierung in Gefängnissen aufgrund dortiger Misshandlungen Bezug.

Des Weiteren werden in dem Aktionsplan auch vier Faktoren benannt, die eine Radikalisierung begünstigen. Die ersten beiden, »persönliche Hintergründe und Motive« sowie »Viktimisierung und kollektive Unzufriedenheit«, beziehen sich dabei auf die eigene Geschichte und die Gefühle der Menschen in Bezug auf den Staat oder seine Handlungen. Demgegenüber beziehen sich die beiden letzten, »Verzerrung und Missbrauch von Überzeugungen und politischen Ideologien sowie Übertreibung ethnischer und kultureller Unterschiede« und »Rolle von Führungspersonen und Netzwerken«, auf den Einfluss, den bestimmte Personen bei der Interpretation von Überzeugungen und Ideologien ausüben können, wie auch auf die Bereitstellung eines Rahmens für die Äußerung gewalttätiger Reden und die Ausführung entsprechender Taten. Der Aktionsplan legt nahe, dass diese vier Faktoren gewissermaßen die subjektiven Bedingungen für den Übergang vom gewalttätigen Extremismus zum Terrorismus darstellen.

Während der Aktionsplan der Vereinten Nationen international allgemein anerkannt wird, ist die Analyse der Faktoren, die zu einer Radikalisierung führen, selbst in Forscherkreisen noch immer Gegenstand heftiger Kontroversen. Die scharfe Polemik unter französischen Forschern macht deutlich, wie viel dabei auf dem Spiel steht – sowohl politisch als auch ideologisch. Es lassen sich zwei Hauptdenkschulen unterscheiden: die von François Burgat[10], der die Radikalisierung vor allem anhand historischer und politischer Faktoren erklärt, und die von Gilles Kepel[11], der hierfür auf Faktoren verweist, welche der muslimischen Religion selbst inhärent sind, und die Radikalisierung in ganz konkreter Weise mit dem Vormarsch des Salafismus in Verbindung bringt.[12] Der Gegensatz zwischen diesen beiden Schulen beschränkt sich nicht auf die intellektuelle Debatte, sondern hat darüber hinaus weitreichende politische Konsequenzen. Die erstere legt nahe, dass die Antwort auf die Radikalisierung eine Reform der politischen Systeme und der internationalen Beziehungen voraussetzt, während die letztere suggeriert, dass zunächst eine Eindämmung der fortschreitenden »Salafisierung« der muslimischen Religion anzustreben sei.

Im westlichen Kontext muss Gilles Kepels Ansatz entweder zu einer Stigmatisierung der islamischen Religion an sich oder zur Überwachung der Anhänger bestimmter Strömungen (etwa der Salafisten) führen; denn er basiert auf der Annahme, dass die Gewalt der terroristischen Gruppen, die sich auf den Islam berufen, von der Religion selbst oder zumindest von der salafistischen Strömung ausgeht. Kepels Analysen zur Radikalisierung werden von manchen als islamophob bezeichnet, haben aber unter Sahelforschern viele Anhänger: Seine Hauptthese, dass sich die Radikalisierung durch den Einfluss des Salafismus erklären lässt, ist weitgehend anerkannt.[13] Zwar stellen die meisten Studien aus der Sahelzone einen klaren Zusammenhang zwischen Radikalisierung und Faktoren wie Armut, Arbeitslosigkeit, schlechter Regierungsführung und Gewalt durch Staatsbedienstete her, doch werden diese Faktoren meist eher als Kontextfaktoren für die Radikalisierung denn als Motivationsfaktoren genannt.

In Anbetracht der im Rahmen des Aktionsplans der Vereinten Nationen vorgesehenen Unterscheidung zwischen Faktoren, die gewalttätigen Extremismus begünstigen, und Radikalisierungsfaktoren ist jedenfalls recht gut nachvollziehbar, warum sich die meisten Staaten dafür entschieden haben, sich in ihren eigenen Aktions- und Präventionsplänen gegen gewalttätigen Extremismus ausschließlich auf die sogenannten Radikalisierungsfaktoren zu beschränken. Diese Entscheidung hängt damit zusammen, dass der »menschliche Faktor und die persönlichen Motive«, die zur Radikalisierung führen, nicht in die direkte Verantwortung der Regierungen fallen, während die »strukturellen und konjunkturellen Faktoren, die den Extremismus begünstigen«, das Ergebnis ihrer eigenen Politik sind oder sie zumindest dazu verpflichten, die gegebenen Verhältnisse zu reformieren. Die Erwähnung dieser Faktoren im Aktionsplan der Vereinten Nationen klingt übrigens wie eine scharfe Anklage gegen die Amtsführung dieser Regierungen, denn es wird klar betont, dass gewalttätiger Extremismus »kein Zufall« ist und immer dann verführerisch wird, »wenn die Menschenrechte verletzt werden, gute Regierungsführung keinen Platz hat und die Anliegen der Bürger mit Füßen getreten werden«.

Andererseits spielt für das Interesse der Staaten, sich auf die sogenannten Radikalisierungsfaktoren zu konzentrieren, auch der Umstand eine Rolle, dass sich hieraus die Möglichkeit ergibt, bewaffnete Gruppen als Träger eines politischen Projekts zu disqualifizieren, das sich im Rahmen des vorherrschenden politischen Systems nicht in friedlicher Weise verwirklichen lässt, aber auch das Engagement ihrer Mitglieder herabzusetzen und zu entpolitisieren, indem es teils mit psychoemotionalen Motiven in Verbindung gebracht und teils mit Ursachen wie Unwissenheit und Manipulation erklärt wird. Abgesehen davon, dass sie keine direkte Verantwortung der Regierungen begründen, bieten die sogenannten Radikalisierungsfaktoren somit die Möglichkeit, das Problem der Zunahme des gewalttätigen Extremismus unter Beibehaltung der Praktiken zu behandeln, die ihm den Boden bereitet haben.

Schließlich führt dieser Ansatz zu der Auffassung, dass der Anstieg des gewalttätigen Extremismus nicht nur ein Zeichen für die Unfähigkeit der herrschenden politischen Systeme ist, großen Teilen ihrer Bevölkerung echte Emanzipationsperspektiven zu bieten, sondern dass die Legitimitätskrise dieser Systeme ohne die schmerzhafte Aufarbeitung einer Staatstradition gelöst werden könnte, die weit entfernt ist von den Verheißungen der Demokratie, deren Substanz die Menschenrechte sind. Wie im Aktionsplan der Vereinten Nationen dargelegt, verschont der gewalttätige Extremismus kein Land und keinen Kontinent, er betrifft jedoch in erster Linie die an der Peripherie des globalisierten Kapitalismus gelegenen Länder (in Afrika, Asien, Lateinamerika). Für die Sahelländer Mali und Niger, die am stärksten von diesem Phänomen betroffen sind, ist zu sagen, dass es ihnen nie gelungen ist, sich von einer aus der Kolonialzeit stammenden Staatstradition zu lösen, die auf dem exzessiven Einsatz von Gewalt als Hauptmittel der Staatsführung beruht.

Vor dem Ausbruch der politischen und sicherheitspolitischen Krise in den 2000er Jahren waren diese beiden Länder nur wegen der wiederkehrenden Nahrungsmittelkrisen in den Schlagzeilen der internationalen Medien. Heute ist die strukturell bedingte Ernährungsunsicherheit der wichtigste Marker für soziale Ungleichheit.[14] Obwohl sie weder in den Reden und Forderungen der bewaffneten Gruppen noch in den sogenannten Regierungsinitiativen zur Verhinderung von gewalttätigem Extremismus auftaucht, ist diese Ernährungsunsicherheit einer der Schlüssel für die Situation in diesen Ländern. Denn sie spaltet die dortige Gesellschaft in zwei Welten: auf der einen Seite die der hohen Politik und ihrer »Satelliten«, die vor allem in den Städten angesiedelt sind und in denen ein gewisser Überfluss herrscht, auf der anderen Seite die der einfachen Bevölkerung, die vor allem auf dem Land und im Umland von Städten lebt und in der Armut, Knappheit und Unsicherheit vorherrschen. Die Ernährungsunsicherheit stellt für Millionen von Menschen eine unerhörte Gewalt dar, die mit anderen Formen schreiender Ungerechtigkeit wie auch der Missachtung elementarer Rechte und der Menschenwürde einhergeht.

Anmerkungen

1. Im Deutschen geläufiger unter dem englischen Ausdruck ›failed state‹ (Anm. d. Übers.).
2. In seinem Bericht von 2015 ist der Generalprüfer sehr präzise: Innerhalb von zwei Jahren fehlten aufgrund von Korruption und Misswirtschaft 153 Milliarden CFA-Francs (fast 234 Millionen Euro) in den malischen Staatskassen (RFI http://www.rfi.fr/afrique/20150507-corruption-mali-150-milliards-fcfa-detournes-zwei-jährig).
3. International Crisis Group, *Niger face Boko Haram: Beyond Counterinsurgency*, Africa Report No. 245, 27. Februar 2017.
4. In den 1990er und 2000er Jahren kam es in Niger und Mali zu bewaffneten Rebellionen. Sie endeten entweder mit Friedensabkommen oder mit militärischen Niederlagen der nationalen Armeen. Sie wurden immer als Ergebnis äußerer Einmischung gesehen, insbesondere von Frankreich, Libyen und teilweise Algerien.
5. Die Fédération des étudiants d'Afrique noire en France (FEANF) war eine progressive Studentenorganisation der 1950er und 60er Jahre, in der eine ganze Generation der heutigen Machthaber einiger Länder aktiv war. Sie wurde weitgehend von den verschiedenen Strömungen des Marxismus–Leninismus der damaligen Zeit dominiert. Die Organisation wurde in den 1970er Jahren von der französischen Regierung aufgelöst.
6. https://www.derstandard.at/story/2000030035201/gegen-den-terror-agieren-aber-nicht-ueberreagieren
7. Vereinte Nationen, *Aktionsplan zur Verhütung des gewalttätigem Extremismus*, Dezember 2015, https://www.un.org/depts/german/gv-sonst/a70-674.pdf.
8. Article 19, Amnesty International und 56 NGOs, *Initiativen zur Verhinderung und Bekämpfung von gewalttätigem Extremismus geben Anlass zu ernsten Menschenrechtsbedenken*, Gemeinsame öffentliche Erklärung, 4. Februar 2016, AI-Index: IOR 40/3417/2016.
9. Wenn sie auch nicht konsensfähig ist, handelt es sich doch um eine Definition, die in verschiedenen offiziellen Dokumenten nördlicher Länder, wie denen Kanadas, zur Bekämpfung des gewalttätigen Extremismus zu finden ist.
10. François Burgat ist Autor verschiedener Bücher über den politischen Islam, die bei La Découverte erschienen sind, darunter *L'Islamisme en face* (1995), *L'Islamisme à l'heure d'Al-Qaïda* (2005), *Comprendre l'islam politique. Une trajectoire de recherche sur l'altérité islamiste, 1973-2016* (2016).
11. Gilles Kepel ist Autor zahlreicher Bücher, darunter *Fitna. Guerre au cœur de l'Islam, Gallimard*, Paris, 2004.
12. »Salafismus« leitet sich vom arabischen Wort »salaf« ab, das »Rückkehr zur Quelle« bedeutet. Der Salafismus befürwortet die Rückkehr zum ursprünglichen Islam, der zur Zeit des Gesandten Allahs und seiner wichtigsten Gefährten praktiziert wurde. Der Salafismus ist zudem eine politische Strömung, die sich als Reaktion auf den Verfall der muslimischen Gesellschaften infolge der Kolonialisierung entwickelt hat. Die Wahhabiten, Anhänger der Doktrin von Muhammad ibn 'Abd al-Wahhāb, werden manchmal auch als Salafisten bezeichnet.
In der französischsprachigen Forschung zum zeitgenössischen politischen Islam hätte man auch von drei Schulen sprechen können, wenn man die Schule des Forschers Olivier Roy mit einbezieht, der unter anderem *L'Échec de l'islam politique* (Seuil, 1992) verfasst hat und einer der Vertreter der Gegenrichtung zu Gilles

Kepels Theorie ist. Olivier Roy spricht von der »Islamisierung der Radikalität«, während Kepel von der »Radikalisierung des Islam« spricht.

13. Als Beispiel siehe Goree Institute, Bericht über den subregionalen Workshop zum Thema »Religiöser Radikalismus und Sicherheitsbedrohungen in Westafrika: Nationale und regionale Perspektiven«, http://www.goreeinstitut.org/index.php/ressources/nos-publications/rapports-communiques/10-rapport-de-l-workshop-sub-regional-theme-le-radicalisme-religieux-et-les-menses-securitaires-en-afrique-de-l-ouest-perspectives-nationales-et-regionales/file.

14. Diese Nahrungsmittelkrisen, die lange Zeit als konjunkturelle Phänomene betrachtet wurden, die alle zehn Jahre nach großen Dürren (1974, 1984) auftraten, sind heute zu strukturellen Krisen geworden. Zwischen 2001 und 2017 erlebte Niger beispielsweise praktisch in jedem zweiten Jahr eine Nahrungsmittelkrise größeren Ausmaßes. 2016 galten dort laut Regierungsstatistiken fast 2 Millionen Menschen als ernährungsunsicher.

Ein strukturelles Demokratiedefizit

Eine tief verwurzelte Tradition staatlicher Gewalt

Seit den 1980er Jahren hat das liberale Demokratiemodell überall auf der Welt neue Gebiete erobert, insbesondere in Afrika, wo es nur wenige Länder gibt, die noch nicht in diesen Genuss gekommen sind. Dennoch muss man feststellen, dass die nunmehr drei Jahrzehnte andauernden Demokratisierungsbemühungen nicht ausgereicht haben, um die auf die Jahre des zivil-militärischen Autoritarismus zurückgehende politische Kultur endgültig zu überwinden. Zwar waren einer kleinen Zahl von Ländern auf dem afrikanischen Kontinent auch ermutigende demokratische Erfahrungen vergönnt, insbesondere in Form einer Übernahme oder Erhaltung der Macht mit friedlichen Mitteln; doch wie der kamerunische Intellektuelle Achille Mbembe treffend bemerkt hat, sind in den meisten Ländern »die Wahlen zu einem Instrument der Spaltung geworden«; zudem sind, wie er sagt, noch immer große Anstrengungen erforderlich, um »die Politik zu entmilitarisieren« und »die Kunst der Politik von der Kunst des Krieges zu trennen«.[1]

Die demokratischen Fortschritte der letzten Jahrzehnte haben die Bedeutung, die der Gewalt in der Staatsführung zukommt, nur geringfügig vermindern können. Denn trotz der durch die Rechtsstaatlichkeit gezogenen Grenzen und des zunehmenden Widerstands vonseiten der Gesellschaft funktionieren die meisten afrikanischen Regierungen, einschließlich derjenigen, die ihre Legitimität von der Wahlurne beziehen, im Wesentlichen nach der Logik des Kräfteverhältnisses. Natürlich beschränkt sich dieses Phänomen nicht auf die genannten Staaten; allerdings ist die Anwendung von Gewalt in vielen afrikanischen Ländern als ein Symptom der herrschenden Machtverhältnisse anzusehen. Staatliche Gewalt, sei es in aktiver oder passiver Form,[2] ist hier allgegenwärtig; sie verschafft den Amtsinhabern nahezu alle denkbaren Rechte, unabhängig davon, ob diese vom Gesetz vorgesehen sind oder nicht.

Wie von Analysten verschiedentlich betont wird, sind die einzigen Grenzen dieser allgegenwärtigen staatlichen Gewalt jene, die sie sich selbst setzt: Keine der bestehenden Institutionen ist dazu in der Lage, ihr einen Riegel vorzuschieben oder sie auch nur einzudämmen, wie dies doch in einem normal verfassten Rechtsstaat möglich sein sollte. Die meisten Bürger kommen tagtäglich mit dieser Gewalt in Berührung – sei es auf den Straßen, wenn sie unterwegs sind, oder auch, wenn sie eine staatliche Leistung in Anspruch nehmen möchten. Dabei sind die Betroffenen buchstäblich der Gnade der Beamten ausgeliefert. Diesen steht es frei, die Regeln vorschriftgemäß zur Anwendung zu bringen oder sie im Sinne ihrer Interessen abzuwandeln;

sie können, ganz wie es ihnen beliebt, den Bürgern die ihnen zustehenden Dienstleistungen entweder gewähren oder einen persönlichen Gewinn aus der Situation schlagen. Ja, die Korruption hat ein solches Ausmaß angenommen, dass öffentliche Bedienstete in vielen Bereichen im eigentlichen Sinne zu privaten Akteuren geworden sind, die unter dem Schirm der öffentlichen Gewalt agieren. Dabei stehen sie miteinander in Verbindung und treffen Absprachen. Hieraus ergibt sich ein System, das auf einer Logik des Raubbaus und der Erpressung beruht, wodurch die Amtsinhaber gänzlich ungestraft die von ihnen bekleidete Position ausnutzen können.[3]

Strafmaßnahmen gegen räuberische und korrupte Beamte werden in einem solchen System natürlich nur sehr selten verhängt; dabei spielt der Zufall eine große Rolle – manchmal kommt es dazu, etwa im Rahmen einer Abrechnung, und dann treffen sie nur die ganz Glücklosen. Tatsächlich scheint die Straffreiheit eine Bedingung für die Lebensfähigkeit dieses Systems darzustellen, indem sie jeden Widerstand vonseiten derer, die es nutzen, entmutigt, und die öffentlichen Bediensteten der hohen politischen Sphäre entfremdet. Eine Besonderheit dieses Systems bildet der Umstand, dass es sehr transparent ist, in dem Sinne nämlich, dass ein jeder seine Regeln und Mechanismen kennt; und aus ebendiesem Grund ist auch Straflosigkeit für seine Aufrechterhaltung und Reproduktion unerlässlich. Die meisten afrikanischen Politiker haben sehr gut verstanden, dass eine solche Straflosigkeit zwar zu Frustration in der Bevölkerung führt und damit langfristig auch eine Bedrohung für sie selbst darstellt, dass sie aber gleichzeitig auch das effektivste soziale und politische Mittel ist, um sich im Amt zu halten.

Es mag einem wohlmeinenden Menschen zynisch und irritierend erscheinen, aber die machthabenden Eliten verfolgen oft nur ein einziges Ziel: sich an der Macht zu halten. Ein Hauptfehler vieler Analysten liegt in der Verkennung der Tatsache, dass die Korruption, die den Staatsapparat durchdringt, wie auch das überall zu beobachtende Klima der Straflosigkeit zentrale Säulen des politischen und wirtschaftlichen Systems in Afrika bilden. Dieses System kann nicht als ein »normales kapitalistisches System« beschrieben werden, wie es in anderen Ländern üblich ist, auch wenn es sicherlich gewisse Merkmale eines solchen Systems aufweist. Im Ganzen handelt es sich jedoch weit mehr um ein hybrides System, das auf Raubbau beruht und von einer, wie Frantz Fanon es nennt, nationalen Bourgeoisie angetrieben wird, die sich »ganz auf intermediäre Tätigkeiten verlegt« und deren Mentalität der von »Geschäftsleuten, nicht von Industriekapitänen« entspricht.[4]

Dieses System kann grundsätzlich nicht ohne Korruption existieren, weil die Akkumulation hier über ebendiesen Umweg erfolgt. Ebenso wenig kann es ohne Straffreiheit auskommen, da diese den Gewaltmissbrauch durch seine Agenten garantiert. Der Forscher Jean-Pierre Chrétien argumentiert, dass die Anwendung von Gewalt in diesem System in erster Linie darauf zurückzuführen ist, dass »alle entscheidenden Güter den Staat passieren«[5]. Sie erscheint daher als eine Notwendigkeit und ein Überlebensimperativ, »um entweder die erreichte Situation aufrechtzuerhalten oder sie zugunsten anderer frustrierter Gruppen umzukehren«. Man sieht also leicht ein, warum der gewalttätige Extremismus in diesen Ländern, in denen die aktive und passive Gewaltanwendung durch den Staat bisher nur auf schwachen Widerstand gestoßen ist, ohne Schwierigkeit entschlossene Anhänger gefunden hat. Gleichzeitig wird man aber auch das Dilemma begreifen, in dem sich die Machteliten heute befinden: Auf der einen Seite sind sie sich darüber im Klaren, dass die Anwendung von Gewalt seitens des Systems nicht länger ausreicht, um die Bürger von der offenen Revolte abzuhalten; auf der anderen sehen sie sich jedoch mit dem Umstand konfrontiert, dass sich in der Gesellschaft selbst nur wenige funktionierende Mechanismen finden, die an die Stelle dieser Gewaltmittel treten könnten.

Eine Schwächung der Mechanismen zur Regulierung von Gewalt

Die gewaltsamen Konflikte der letzten Jahre machen deutlich, dass die institutionellen Regulierungsmechanismen stark an Wirksamkeit eingebüßt haben. Dies gilt insbesondere für die Justiz, die aufgrund ihrer Abhängigkeit von der Exekutive nicht mehr als Rahmen für die Lösung von Konflikten dienen kann. Zwar ist in den Verfassungen der Sahelländer, insbesondere denjenigen von Mali und Niger, die Unabhängigkeit der Justiz ausdrücklich verankert. Doch bleibt diese Unabhängigkeit bislang weitgehend theoretischer Natur, weil die meisten Richter wie auch andere Staatsbedienstete ebenfalls von dem unwiderstehlichen Trieb gepackt werden, »dort zu grasen, wo sie angebunden sind«[6]. Die Kontrolle der Exekutive über die Institutionen der Justiz, seien es die ordentlichen Gerichte oder die höchsten Instanzen (Verfassungsgerichte, Rechnungshöfe, Staatsräte und dergleichen), ist noch immer stark ausgeprägt. Tatsächlich wird eine solche Kontrolle von den Justizministern erwartet, die mit ihrer Ernennungs- und Zustellungsbefugnis ständig über die Loyalität und den Gehorsam der Richter entscheiden müssen.

Laut den Ergebnissen einer im Jahr 2011 in Niamey durchgeführten Umfrage ist »ein großer Teil der Befragten in den Haushalten (41,1 %) und der Personen mit oder ohne Bezug zur Justiz (51,7 %) der Meinung, dass das Prinzip der Gewaltenteilung in Niger nicht eingehalten wird«[7]. Weiterhin geht aus den Umfrageergebnissen hervor, dass »etwas mehr als zwei von drei Befragten (67 %) der Meinung sind, dass die Justiz in Niger von Korruption betroffen ist«. Dabei ist der Anteil der Männer (69,5 %), die diese Meinung vertreten, höher als derjenige der Frauen (60,9 %); ebenso ist der Anteil der Personen mit höherer Schulbildung (78,9 %), die diese Meinung vertreten, höher als derjenige der Personen ohne Schulbildung (57,5 %). Schließlich wird diese Meinung von 62,1 Prozent derer vertreten, die Koranstudien betrieben haben.

Diese traurigen Ergebnisse werden durch andere Studien und Untersuchungen zur Funktionsfähigkeit der nigrischen Justiz bestätigt. So heißt es in einer Studie des nigrischen Forschers Mahaman Tidjani Alou: »Die Beziehungen der Justiz zu ihrem Umfeld begünstigen die Entwicklung käuflicher Praktiken und paralleler Funktionsregeln, die zu Rechtsunsicherheit führen.«[8] Der Forscher berichtet davon, dass sich in der nationalen Öffentlichkeit »das Gefühl verbreitet hat, dass Gerichtsentscheidungen käuflich sind, dass niemand von einer Gerichtsentscheidung betroffen sein kann, der reich ist und eine gute Stellung in der Gesellschaft innehat, und dass die Gesetze im Grunde genommen nur für diejenigen gemacht sind, die nicht über die nötigen Mittel verfügen, um die Richter zu kaufen.« Hieraus zieht er eine unmissverständliche Schlussfolgerung: »Diese Dynamik der Justizstrukturen setzt den laufenden Demokratisierungsprozessen, die bekanntlich eine gesunde Justiz benötigen, um sich zu konsolidieren, enge Grenzen.«

Die Situation der Justiz in Mali unterscheidet sich kaum von der in Niger; zumindest, wenn man sich an die Ergebnisse der Meinungsumfrage »Mali-Mètre 6« hält, die im Mai 2015 von der Friedrich-Ebert-Stiftung durchgeführt wurde. Aus dieser geht hervor, dass die Malier die Polizei, die Justiz und die Stadtverwaltung mit 52 Prozent, 44,4 Prozent und 36,8 Prozent als die drei korruptesten Sektoren des Landes betrachten.[9] Die Korruption in der Justiz schürt hier wie auch in Niger ein starkes Gefühl der Unsicherheit bei den Bürgern, welches bisweilen auch in Misstrauen umschlägt, was dann wiederum in »extremer Gewaltanwendung sowie oberflächlichen und raschen Gerichtsverfahren auch gegenüber Richtern« mündet.[10] Des Weiteren kommt das bestehende Misstrauen gegenüber der Justiz auch darin zum Ausdruck, dass zur Lösung von Problemen vielfach auf andere Mechanismen, insbesondere auf die traditionelle Justiz, zurückgegriffen wird. Allerdings ist diesbezüglich zu bemerken, dass der heute zu beobachtende »Kannibalismus« des postkolonialen Staates dazu tendiert, die Fähigkeit der traditionellen Institutionen zur Lösung von Konflikten abzustumpfen.

Tatsächlich sehen sich diese Institutionen, ob es sich nun um Formen traditioneller Häuptlingsherrschaft oder der

Gewohnheitsjustiz handelt, selbst einem gewissen Misstrauen ausgesetzt. Dies hat seinen Grund vor allem darin, dass die herrschenden Eliten immer wieder Einfluss auf sie ausüben und nicht zögern, sie im Rahmen des politischen Wettbewerbs oder auch aus Legitimationsgründen zu instrumentalisieren. Während die traditionellen und religiösen Führer in früheren Zeiten allgemein respektiert wurden und folglich auch dazu imstande waren, durch ihr Eingreifen den sozialen Zusammenhalt und die Stabilität zu gewährleisten, scheinen sie heute mehr und mehr an Einfluss zu verlieren. Neben ihrer vermeintlichen oder tatsächlichen Nähe zu den als korrupt geltenden Machthabern liegt dies auch an ihrer Unfähigkeit, bei diesen wirksam zu intervenieren, wenn die Gemeinschaften mit Schwierigkeiten konfrontiert sind. Dies ist einer der Gründe, warum auf die Zunahme von religiösem Fundamentalismus und die Etablierung einer Kultur der Gewalt keine ausreichende Antwort aus den Tiefen der Gesellschaft gefunden werden kann.

Zwar lässt sich hier und da beobachten, dass die Staaten und bisweilen auch die Organisationen der Zivilgesellschaft den Versuch unternehmen, eine solche Antwort im Rahmen ihrer Initiativen anzuregen; allerdings gerät leicht aus dem Blick, dass es nicht zuletzt diese Versuche sind, die die hergebrachten Institutionen ihrer Wirksamkeit berauben; denn man sieht darin die Bereitschaft, ebendiese Institutionen in Initiativen einzubinden, die ihnen selbst äußerlich sind. Indem sie ihre Aktivitäten den Initiativen des Staates oder von NGOs unterordnen, erscheinen die traditionellen Institutionen als »Handlanger« oder bestenfalls als Subunternehmer von Projekten und Aktionen, die von anderen konzipiert wurden. Dabei entsteht der Eindruck, dass sie sich an diesen nicht etwa aufgrund eines uneigennützigen Engagements beteiligen, sondern um sich einen Teil des mit ihnen verbundenen Gewinns zu sichern. Mit dem gleichen Problem haben nationale NGOs zu kämpfen, denen es aufgrund ihrer Abhängigkeit von ausländischen Finanzmitteln schwerfällt, die Bevölkerung davon zu überzeugen, dass sie nicht selbst Teil des heute weithin verpönten globalen Systems sind.

Dennoch wird das Krisenbewältigungspotenzial nichtstaatlicher Akteure – seien es die traditionellen und religiösen Autoritäten oder die zivilgesellschaftlichen Organisationen und die Medien – in Mali und Niger bislang sicherlich nur in geringem Maße ausgeschöpft. Dabei ist in den offiziellen Reden sowohl der nationalen Entscheidungsträger als auch ihrer »ausländischen Partner« immer wieder von der Wichtigkeit einer Einbindung dieser Akteure die Rede. Auch wird diese Einbindung als ein Recht und eine Voraussetzung für den Erfolg von Entwicklungsmaßnahmen dargestellt. Ohne Zweifel unternehmen nichtstaatliche Akteure jedoch bemerkenswerte Anstrengungen in verschiedenen Bereichen, einschließlich von Konfliktmanagement und Prävention, und das trotz der vielen Hindernisse, die ihnen seitens der Regierungen in den Weg gelegt werden – da diese Letzteren das Streben nach Autonomie, welches einige der nichtstaatlichen Akteure an den Tag legen, nicht gutheißen. Die Zurückhaltung der Regierungen in Sicherheitsfragen in Verbindung mit der Versuchung einer autoritären Regierungsführung, welche die aktuelle Lage mit sich bringt, stellt ein ernsthaftes Hindernis für die Entstehung von Bürgerbewegungen dar, die versuchen könnten, den Kreislauf der Gewalt zu durchbrechen.

Ein von den Umständen diktierter Paradigmenwechsel

Nachdem die Sahelstaaten lange Zeit die militärische Option im Kampf gegen den gewalttätigen Extremismus bevorzugt haben, scheinen sie sich mehr und mehr einem Vorgehen zuzuwenden, das auch Präventionsmaßnahmen umfasst. Dies hat seinen Grund zum einen darin, dass das rein militärische Vorgehen weder in Mali noch in Niger – den beiden Sahelländern, die am stärksten von Aktionen bewaffneter terroristischer Gruppen betroffen sind – zu den gewünschten Ergebnissen geführt hat; zum anderen vollzieht sich diese Umstellung im Rahmen eines allgemeinen Paradigmenwechsels bei der Terrorismusbekämpfung, der auf die Übernahme des oben analysierten Aktionsplans der Vereinten Nationen zur Verhinderung von gewalttätigem Extremismus zurückgeht. Ebenso ist diese Neuausrichtung auf die Einsicht zurückzuführen, dass ein militärisches Vorgehen in mehreren Fällen dazu beigetragen hat, die Legitimität der Staaten zu untergraben, indem es neue Gründe und gewissermaßen eine Rechtfertigung für den Aufstieg des gewalttätigen Extremismus geliefert hat.

In der Tat hat der von den Behörden dieser Länder und ihren internationalen Verbündeten gewählte Ansatz der »totalen Sicherheit« mitunter dazu geführt, dass sich viele junge Menschen den verschiedenen bewaffneten Gruppen angeschlossen haben; einige als Reaktion auf die Übergriffe der regulären Streitkräfte in ihrem Kampf gegen einen »schwer fassbaren Feind«, andere angezogen von der Aussicht auf Gewinne verschiedener Art (Geld, Heirat, Prestige) und die militärischen Erfolge, die die bewaffneten Gruppen zu verzeichnen hatten.

In den zahlreichen Berichten, die in der jüngeren Vergangenheit von nationalen und internationalen Menschenrechtsorganisationen[11] veröffentlicht worden sind, wird insbesondere im Hinblick auf den speziellen Fall von Boko Haram in Nigeria[12] hervorgehoben, dass die blinde Unterdrückung durch die regulären nigerianischen Streitkräfte und die von ihnen aufgebauten Selbstverteidigungsmilizen bei jungen Menschen eine Katalysatorwirkung entfaltet und deren Neigung zum Aufstand weiter anheizt. Ebenso wird in diesen Berichten darauf hingewiesen, dass die Unfähigkeit der Streitkräfte, die Sicherheit der Bevölkerung zu gewährleisten, insbesondere in Mali einige junge Menschen dazu getrieben hat, sich bewaffneten Gruppen anzuschließen.

Überdies wurde die in der Zivilbevölkerung grassierende Frustration durch gewisse Maßnahmen verschärft, welche die Behörden im Rahmen des Ausnahmezustands verhängten, der in den vom bewaffneten Konflikt betroffenen Gebieten ausgerufen worden war. Dies gilt insbesondere für Niger, wo die Sicherheitsmaßnahmen der Behörden nach den im Februar 2015 von Boko Haram unternommenen Angriffen in Diffa dazu führten, dass viele der dort lebenden jungen Menschen die von ihnen ausgeübte Erwerbstätigkeit einstellen mussten.[13] Die Zahl der Arbeitsplätze, die infolge dieser Maßnahmen verloren gingen, wird auf etwa 13 000 geschätzt; dabei ist dieser Verlust einzig und allein auf das Motorradfahrverbot zurückführen, das trotz einer relativen Verbesserung der Sicherheitslage auch mehr als zwei Jahre später noch immer in Kraft ist. Ebenso haben diese Maßnahmen auch alle anderen Erwerbszweige der Region Diffa ernsthaft beeinträchtigt, insbesondere die Landwirtschaft, die Viehzucht und die Fischerei, in denen Tausende von Menschen arbeiten.[14] Hierbei spielt vor allem die Zwangsevakuierung der Inseln und Dörfer am Tschadsee eine Rolle sowie das Verbot, dieses Produktionsgebiet zu betreten.[15]

Heute, zwei Jahre nach der Verhängung des Ausnahmezustands, ist die Sicherheitslage in der Region Diffa noch immer besorgniserregend zu nennen. Denn obwohl es gelungen ist, Boko Haram schwere Schläge zu versetzen, sind die Aufständischen noch immer dazu imstande, bedeutenden Schaden anzurichten. Die nigrischen Behörden scheinen sich der Unbeständigkeit der Lage bewusst zu sein. Es ist eine spürbare Veränderung der offiziellen Rhetorik zu beobachten, welche sich zunehmend von den gewohnten Phrasen der »totalen Sicherheit« verabschiedet. Ungeachtet dessen haben sich die Behörden wider Erwarten nicht dazu entschieden, den Ausnahmezustand zu beenden. Dieser wurde, einschließlich einiger der am meisten kritisierten Maßnahmen, im Frühjahr 2017 für die gesamte Region Diffa verlängert. Darüber hinaus wurde er auf einige Gebiete in den Regionen Tahoua und Tillabery ausgeweitet, wo sich die Sicherheitslage durch tödliche Angriffe auf die regulären Streitkräfte ernstlich verschlechtert hat.

Trotz der Aufrechterhaltung des Ausnahmezustands ist anerkennend hervorzuheben, dass bei den nigrischen Behörden der Wille vorhanden scheint, das alte Prinzip der ›totalen Sicherheit‹ aufzugeben. Bezeugt wird diese positive Entwicklung etwa durch die Ende 2016 von der Regierung getroffene Entscheidung, »Reue zeigende« Boko-Haram-Mitglieder mit offenen Armen zu empfangen[16], und auch durch den im März 2017 erklärten Beginn des Gerichtsverfahrens gegen rund 1 200 Personen, die im Zusammenhang mit dem bewaffneten Konflikt inhaftiert worden sind.[17] Denn wenn auch die Möglichkeit eines Dialogs mit den bewaffneten Gruppen noch immer nicht in Betracht gezogen wird, deuten doch die genannten Beschlüsse darauf hin, dass die nigrischen Behörden, die bislang immer für ihre Unnachgiebigkeit bekannt gewesen sind, nicht länger einen Sieg mit ausschließlich militärischen Mitteln anstreben. Im Übrigen scheint die Aufnahme eines Dialogs mit den bewaffneten Gruppen angesichts bestimmter Umstände, insbesondere der starken Einflussnahme der westlichen Großmächte auf die Regierungen der Sahelzone, derzeit völlig ausgeschlossen zu sein – ausgenommen hiervon sind allein die Autonomie- oder Unabhängigkeitsgruppen, die mit ihren Plünderungen den Norden Malis überziehen.

Faktisch ist die Möglichkeit, mit den bewaffneten Gruppen in einen Dialog zu treten, sowohl in Mali als auch in Niger mit einem Tabu belegt; insbesondere gilt dies für diejenigen Gruppierungen, die sich zur dschihadistischen Bewegung bekennen. Dabei deutet alles darauf hin, dass ein militärischer Sieg über diese Gruppen in weite Ferne gerückt ist. Insbesondere spielt hierfür die Weigerung des Sicherheitsrats der Vereinten Nationen im Juni 2017 (auf Antrag der USA und des Vereinigten Königreichs) eine Rolle, die Einrichtung der Gruppe *G5 Sahel* (bestehend aus Burkina Faso, Mali, Mauretanien, Niger und Tschad) finanziell zu unterstützen. Seit Beginn der groß angelegten Angriffe bewaffneter dschihadistischer Gruppen im Norden Malis, im Nordosten Nigerias und im Südosten Nigers haben sich die einzigen offiziellen Verhandlungen mit diesen Gruppen auf Fragen der Geiselbefreiung bezogen.[18] Dies deutet klar darauf hin, dass die Entscheidung über Dialog oder Fortsetzung des Krieges in Wahrheit weit weniger von den Sahelstaaten als von den westlichen Großmächten und in geringerem Maße auch von Algerien abhängt, Staaten, auf die die Länder der Sahelzone sowohl im Krieg als auch im Frieden angewiesen sind.

Jedenfalls ist eindeutig festzustellen, dass der Krieg gegen die bewaffneten Terrorgruppen in der Sahelzone nicht mehr allein Sache der nationalen Regierungen ist. Doch liegt die Entscheidung über Fortführung oder Beendigung des Krieges ebenso wenig in den Händen der bewaffneten Dschihadisten- oder Unabhängigkeitsgruppen. Zwar sind es die regulären Streitkräfte der Staaten, die gegen die bewaffneten

Gruppen kämpfen, doch verfügt keine der Kriegsparteien über einen ausreichenden Handlungsspielraum, um die Bedingungen für eine mögliche Konfliktlösung festzusetzen. Die Hauptkriegsparteien, also die nationalen Regierungen und die bewaffneten Gruppen, sind in zweifacher Hinsicht gebunden: erstens durch die politischen und ideologischen Rechtfertigungen, die sie selbst für diesen Krieg gegeben haben (Verteidigung der territorialen Integrität, der Demokratie und des Säkularismus für die einen, Errichtung eines islamischen Staates, Unabhängigkeit oder Autonomie für die anderen), und zweitens durch ihre ausländischen Unterstützer, die in diesem Krieg praktisch nichts zu verlieren und durch seine Fortsetzung sehr viel zu gewinnen haben.

Ein Glücksfall für die Großmächte

Indes bedeutet dieser Krieg im Sahel, der so viele Tote und Verletzte gefordert und so viele Menschen zu Flüchtlingen und Binnenvertriebenen gemacht hat, doch nicht für alle Seiten eine Katastrophe. Und so gründet auch diese Entfesselung der Gewalt, wenngleich man Mühe haben mag, einen Sinn darin zu erkennen, durchaus nicht in Wahnsinn und Unverstand; vielmehr ist sie Teil eines groß angelegten Projekts, dessen Endziel nur diejenigen zu kennen scheinen, die die Mittel hätten, diesen Entwicklungen Einhalt zu gebieten, und die doch ganz bewusst darauf verzichten. Ja, man kann sagen, dass dieser Krieg ein wahrer Glücksfall ist; und zwar in erster Linie für die westlichen Großmächte – allen voran Frankreich –, die ihn offenbar nutzen, um ihren Einfluss in der Region zu befestigen. Ebendies ist die nicht unbegründete Behauptung der malischen Globalisierungskritikerin Aminata Dramane Traoré. Sie spricht in diesem Zusammenhang von einer Rache Frankreichs, dessen Armee am 20. Januar 1961 durch Präsident Modibo Keïta von allen ihren

Stützpunkten in Bamako, Kati, Gao und Tessalit vertrieben worden war.[19] Nun endlich hat der Krieg der französischen Armee die Möglichkeit verschafft, mit voller Stärke zurückzukehren und alle ihre ehemaligen Stützpunkte sowohl in Mali als auch in Niger und Burkina Faso aufs Neue zu besetzen. Vor diesem Hintergrund liegt der Verdacht nahe, dass die französischen Politiker und Militärs ihre Operation in Mali im Januar 2013 nicht ganz zufällig mit dem Titel »Serval« belegten, also dem Namen eines Tiers, das sein Territorium markiert. Erst im August 2014 wurde dieser Name im Zuge der »Regionalisierung« in Barkhane verändert, womit eine halbkreisförmige Düne bezeichnet wird, die als Antiterror-Schild fungiert.

Die französische Armee ist jedoch nicht die einzige, die in der Sahelzone Präsenz zeigt; vielmehr sind in der Region derzeit auch Streitkräfte der amerikanischen, der deutschen, der italienischen und sogar der chinesischen Armee anzutreffen. So haben also auch die anderen großen Wirtschafts- und Militärmächte beschlossen, sich an diesem Konflikt zu beteiligen, wenngleich sie, wie bereits erwähnt, nicht dazu bereit sind, finanzielle Unterstützung für die Bildung einer regionalen Truppe zur Bekämpfung der bewaffneten Gruppen zu leisten. Heute wirft die starke militärische Präsenz ausländischer Mächte in der Region, auch wenn sie seinerzeit von den Führern der betroffenen Länder durchaus willkommen geheißen wurde, viele Fragen auf. Denn während sie tatsächlich die Möglichkeit eröffnet hat, die Besetzung von Orten im Norden Malis durch dschihadistische Gruppen zu beenden, so hat sie doch nicht dazu beigetragen, die territoriale Integrität des Landes wiederherzustellen und die Ausbreitung von Unsicherheit in den Nachbarländern zu verhindern.[20] Vor diesem Hintergrund ist die militärische Präsenz ausländischer Mächte in der Sahelzone zu einem weiteren Umstand geworden, der die in der Jugend grassierende Frustration nährt, zumal diese Letztere immer mehr Wert auf die Verteidigung der nationalen Souveränität legt.[21]

Vier Jahre nach dem französischen Militäreinsatz in Mali, der als Rettungsaktion dargestellt worden war, herrscht in der Jugend die Meinung vor, dass das Ziel der Großmächte letzten Endes darin besteht, ihre Hegemonie dauerhaft zu festigen und die Ressourcen der gesamten Sahel-Sahara-Region für sich zu beanspruchen.[22] Dieser Eindruck wird durch das Zögern der Großmächte angesichts der faktischen Teilung des malischen Territoriums wie auch durch die offenkundige Tatsache verstärkt, dass die Sicherheitskrise den engen Handlungsspielraum der herrschenden Eliten in ihren Beziehungen zu den Großmächten und ihren an der Ausbeutung der natürlichen Ressourcen beteiligten Unternehmen ausgehöhlt hat. Dies gilt besonders für Niger, wo sich die Behörden allen Forderungen des französischen Unternehmens Areva beugen mussten; diese umfassten einen niedrigen Uranpreis, eine Steuerbegünstigung, eine Verschiebung der Inbetriebnahme des gewaltigen Imouaren-Bergwerks auf unbestimmte Zeit und dergleichen mehr.[23]

Trotz der diesbezüglichen Dementis seitens der Machthaber sind die meisten Einwohner der Sahelzone davon überzeugt, dass die militärische Präsenz ausländischer Mächte nicht allein der Bekämpfung terroristischer Gruppen dient.

Zudem hat sich allgemein das unbestimmte Gefühl ausgebreitet, dass diese Präsenz Teil eines unredlichen Projekts zur Rekolonisierung oder zumindest zur Balkanisierung der Länder in der Region, einschließlich Libyens und Nigerias, ist. Und dieses Gefühl ist nicht gänzlich unbegründet, denn die Sahel-Sahara-Region ist seit Anfang der 2000er Jahre (wieder) zu einem wichtigen Gegenstand im Ringen um Einfluss unter den großen Weltmächten geworden. Lange Zeit galt der Raum als nahezu ausschließlicher Einflussbereich Frankreichs, doch inzwischen weckt er zunehmend auch das Interesse anderer rivalisierender Mächte. Insbesondere gilt dies für die Vereinigten Staaten von Amerika, die sich in der Region unter dem Deckmantel von Initiativen zur Terrorismusbekämpfung militärisch festgesetzt haben. Ebenso unternimmt die Volksrepublik China den Versuch, sich einen Anteil an der Ausbeutung der natürlichen Ressourcen zu sichern.

Tatsächlich ist der Umstand von großer Bedeutung, dass chinesische Unternehmen ein besonderes Interesse an den Ölreserven der Sahel-Sahara-Region und des Tschadseebeckens zeigen. So wurden seitens dieser Unternehmen weitreichende Verträge mit Nigeria (Ölexploration im Nigerdelta und im Tschadsee), Kamerun (Bau von Pipelines und Transit von nigerianischem und tschadischem Öl) und der Zentralafrikanischen Republik (Ölexploration im Norden des Landes) unterzeichnet. Ebenso sind diese Unternehmen auch in Algerien, Mali und Mauretanien vertreten, wo sie sich für die Ausbeutung des schwarzen Goldes im gewaltigen Taoudenit-Becken in Stellung bringen. Die China National

Petroleum Corporation (CNPC) ist innerhalb weniger Jahre zum wichtigsten Akteur der Ölproduktion im Tschad geworden, wo das Unternehmen alle Anteile der kanadischen Firma Encana übernommen und Genehmigungen für die Ausbeutung von Lagerstätten an der libyschen Grenze und im Tschadseebecken erhalten hat. Ähnlich verhält es sich im Niger; hier hat die CNPC ein Projekt zur Ausbeutung der Lagerstätten in der Oase Agadem initiiert.[24]

Einige Beobachter sind der Ansicht, dass der Zustrom westlicher Armeen in die Sahelzone mit der geschilderten chinesischen Offensive im Öl- und Energiesektor in einem direkten Zusammenhang steht; ein Verdacht, der sich umso mehr aufdrängt, weil diese Letztere sowohl in den Kreisen der Machthaber der Sahelzone als auch in der Öffentlichkeit auf ein vorwiegend positives Echo stößt und als Gelegenheit wahrgenommen wird, die Beziehungen zu den westlichen Großmächten wieder ins Gleichgewicht zu bringen. Vor diesem Hintergrund erscheint die Sicherheitskrise in der Sahelzone als eine Gelegenheit für die westlichen Mächte, die chinesische Offensive aufzuhalten und die Kontrolle über jene Staaten zurückzuerlangen, die die neue Situation zu nutzen versucht haben, um ihre Souveränitätsspielräume zu erweitern.[25] So ist das Fortbestehen der Krise den strategischen Interessen der westlichen Mächte in der Region dienlich; denn hierdurch wird diesen ein guter Vorwand für eine militärische Besetzung des Landes geboten, welche es ihnen erlaubt, jede Gefahr einer Infragestellung ihrer Hegemonie abzuwenden. Dabei erhalten die westlichen Mächte durch die Schwächung der Sahelstaaten sogar die Gelegenheit, eine territoriale Neuaufteilung des Gebiets im Sinne ihrer Interessen voranzutreiben, da die beiden Regionalmächte, Algerien und Nigeria,[26] selbst zu schlecht dastehen, um dies verhindern zu können.

Im Übrigen hat die durch den Krieg herbeigeführte Schwächung der in der Region ansässigen Staaten auch ihre Einbindung in die »Migrationspolitik« der Europäischen Union und ihrer Mitgliedstaaten begünstigt. Wenn auch Mali sich weiterhin weigert, die von der Europäischen Union gewünschten Rückübernahmeabkommen zu unterzeichnen, ist doch Niger zu einem wichtigen Dreh- und Angelpunkt der europäischen Politik einer Externalisierung der Grenzen geworden. Die Behörden des Landes werden umworben und dazu aufgefordert, sich durch die Ausarbeitung von Texten, die Migration kriminalisieren, und die Einrichtung von Auffanglagern für Migranten entschieden für die Steuerung der Migrationsströme in Richtung Europa einzusetzen. Die verschiedenen Maßnahmen zur Kontrolle der Migrationsströme, die von den Behörden des Landes im Gegenzug für verstärkte Entwicklungsmaßnahmen seitens der europäischen Länder ergriffen wurden,[27] haben den Weg für einen ernsthaften Rückschritt in Bezug auf die Achtung der Menschenrechte geebnet.

Nun ist aber seit langem bekannt, dass die Migration eines der wirksamsten Mittel darstellt, um die Widerstandsfähigkeit der Völker des Sahel gegenüber Katastrophen verschiedener Art zu erhöhen. In einigen Ländern, insbesondere in Mali, geht die Migration mit der Erschließung von Ressourcen einher, die ebenso umfangreich sind wie die öffentliche Entwicklungshilfe, aber besser eingesetzt werden können, da sie direkt in die Haushalte fließen. Des Weiteren bildet Migration für diejenigen, die der kamerunische Wissenschaftler Achille Mbembe als »gens sans parts«[28] bezeichnet, die einzige Alternative zu Kriminalität und Illegalität. Das bestehende System bietet den Angehörigen dieser Gruppe faktisch keine Aussicht auf soziale Verwirklichung und degradiert sie zu einer Klasse von »Überflüssigen«, mit denen der Staat (wo es ihn gibt) und auch der Markt nichts anzufangen wissen. Diese »gens sans parts« leben zu Tausenden in den Städten; es handelt sich um junge Leute, die aus dem Bildungssystem ausgeschlossen wurden, teilweise keine angemessene Ausbildung haben und vor allem ohne Arbeit sind. Doch ebenso finden sie sich zu Tausenden auf dem Land, nicht selten ohne Grund und Boden wie auch ohne Viehbesitz; folglich können sie nicht in diesen Landstrichen bleiben, wo die ökonomischen Dynamiken, die Arbeit und Einkünfte verschaffen, in äußerstem Maße beschränkt, um nicht zu sagen: inexistent, sind.

Wenn ihnen nun heute die Türen der Migration verschlossen bleiben, wie es die Türen der Beschäftigung seit Beginn der Strukturanpassungspläne sind, werden diese »gens sans parts«, wie der kamerunische Forscher warnt, »eine Masse menschlichen Fleisches sein, die der Gewalt, der Krankheit, dem nordamerikanischen Evangelikalismus, den Kreuzrittern des Islams und allen Arten von Spuk- und Wunderglaube ausgeliefert ist«[29]. Diese Warnung von Achille Mbembe, die seit mindestens zwei Jahrzehnten auch von vielen anderen ausgesprochen wird, zieht in diesen Tagen endlich die Aufmerksamkeit der sogenannten internationalen Gemeinschaft auf sich. Wenigstens scheinen hierauf die zahlreichen internationalen Treffen hinzudeuten, die von den Vereinten Nationen und anderen Organisationen zum Thema Jugend organisiert werden.[30] Gleiches gilt für den Aufruf des von den Vereinten Nationen veröffentlichten Aktionsplans zur Verhütung von gewalttätigem Extremismus, jungen Menschen »eine positive Zukunftsvision und eine echte Chance zu geben, ihre Bestrebungen zu verwirklichen und ihr Potenzial zu entfalten«.

Anmerkungen

1. Achille Mbembe, *En Côte d'Ivoire, c'est une démocratie sans éthique qui se construit*, Interview von Sabine Cessou, Slate Afrique, Juni 2011, http://www.slateafrique. com/2767/achille-mbembe-cote-d-ivoire-democratie-sans-ethique.

2. Siehe Patrick Chabal, *Pouvoir et violence en Afrique postcoloniale*, Politique africaine, Nr. 42, Juni 1991. In diesem Artikel unterscheidet der Autor zwischen aktiver und passiver Gewalt. Aktive Gewalt ist die sichtbare Gewalt, die sich insbesondere in Form von Razzien, Inhaftierungen, Folter, Machtmissbrauch, Inhaftierungen, Hinrichtungen usw. manifestiert; wohingegen die passive, verborgene Gewalt »die Gewalt ist, die standardmäßig begangen wird, einfach weil der Staat unfähig ist, effektiv zu regieren, unfähig, die Verantwortung zu übernehmen, die ihm obliegt, nämlich (unter anderem) das Vermögen, über das er die Kontrolle besitzt, zu verwalten«.

3. Jean-Pierre Olivier de Sardan, *Niger, les quatre prisons du pouvoir*, Marianne, Januar 2016, https://www.marianne.net/debattons/tribunes/niger-les-quatre-prisons-du-pouvoir.

4. Frantz Fanon, *Les Damnés de la terre*, Maspero, Paris, 1961; Patrick Chabal, Jean-Pascal Daloz, *L'Afrique est partie! Du désordre comme instrument politique*, Economica, Paris, 1999.

5. Jean-Pierre Chrétien, *Les racines de la violence contemporaine en Afrique*, Politique africaine, Nr. 42, Juni 1991.

6. Die Wendung geht auf Molières *Le médecin malgré lui* zurück (Anm. d. Übers.).

7. *Justice et justiciables: la perception des populations de Niamey de la justice*, Le Sahel, November 2012, http://www.lesahel.org/index.php/le-niger-en-bref/item/1766-justice-et-justiciables--la-perception-des-populations-de-niamey-de-la-justice.

8. Mahaman Tidjani Alou, *La justice au plus offrant. Les infortunes du système judiciaire en Afrique de l'Ouest (autour du cas du Niger)*, Politique africaine, Nr. 83, 2001, https://www.cairn.info/revue-politique-africaine-2001-3-page-59.htm.

9. Laut der Meinungsumfrage Mali-Mètre 6 stufen die Malier die Polizei, die Justiz und das Rathaus als die drei korruptesten Sektoren des Landes ein (Mali-Actu, 27. Juli 2015, http://maliactu.net/la-police-la-justice-et-la-mairie-les-trois-secteurs-les-plus-corrompus-selon-les-maliens-sondage-mali-metre/).

10. Zeini Moulaye, Amidou Diabaté, Yaya Doumbia, *Governance de la justice au Mali*, Friedrich-Ebert-Stiftung, November 2007, http://library.fes.de/pdf-files/bueros/mali/05525.pdf.

11. Siehe unter anderem: Amnesty International, Nigeria: *Trapped in the cycle of violence*, 1er November 2012. *»Bienvenue en enfer«, Torture et mauvais traitements au Nigeria*, September 2014; und Human Right Watch, *Spiraling Violence. Boko Haram Attacks and Security Force Abuses in Nigeria*, 11. Oktober 2012.

12. Bakary Sambe, *Boko Haram, du problème nigérian à la menace régionale*, Timbuktu Editions, Dakar- Kairo, 2015.

13. Alternative Espaces Citoyens, *Etat d'urgence dans la région de Diffa, Rapport de la mission d'observation de la situation humanitaire et des droits de l'Homme*, Niamey, April 2015.

14. OXFAM (unter Mitwirkung von AEC), *A Modified Emergency Market Mapping Analysis (EMMA) and Protection Analysis, Smoked fish and dried red pepper income market systems*, Diffa Region, Dezember 2016.

15. Alternative Espaces Citoyens, *Déplacement forcé des populations des îles du lac Tchad au Niger. Rapport de la mission d'observation de la situation humanitaire et des droits de l'Homme à Diffa et N'guigmi*, Niamey, Mai 2015.
16. Im Mai 2017 waren etwa 150 ehemalige Boko-Haram-Mitglieder aufgenommen worden, die von Programmen zur Wiedereingliederung und »Deradikalisierung« profitieren sollten.
17. *Niger: un millier de membres présumés de Boko Haram jugés à huis clos*, Jeune Afrique, 10. März 2017, http://www.jeuneafrique.com/411678/societe/niger-millier-de-membres-presumes-de-boko-haram-juges-a-huis-clos/.
18. Die Regierung von Niger gab offiziell zu, dass sie im Oktober 2013 mit den bewaffneten Terrorgruppen über die Freilassung der Geiseln von Arlit verhandelt hatte, wobei sie sich mit den französischen Behörden gut abgesprochen hatte. Mehrere Medien, darunter der französische Fernsehsender France 2 in seiner Sendung »Envoyé spécial«, berichteten über die Zahlung eines Lösegelds durch die Firma Areva, für die die Geiseln arbeiteten. Auch in Mali stimmten die Behörden mehrmals der Freilassung von Gefangenen der Terrorgruppen im Austausch für die von ihnen festgehaltenen Geiseln zu.
19. Aminata Dramane Traoré und Boubacar Boris Diop, *La Gloire des imposteurs. Lettres sur le Mali et l'Afrique*, Philippe Rey, Paris 2014.
20. Seit 2015 ist Burkina Faso ebenfalls zu einem Brennpunkt des Konflikts geworden, da bewaffnete Gruppen aufgetaucht sind, die vor allem in den Grenzgebieten zu Mali und Niger zahlreiche Angriffe verübt haben.
21. Die Postings junger Malier und Nigrer in sozialen Netzwerken, insbesondere auf Facebook, zeugen deutlich vom antiimperialistischen Fieber unter der Jugend. Siehe auch: GRIP, *Militaires occidentaux au Niger: présence contestée, utilité à démontrer*, November 2016 (http://www.grip.org/fr/node/2134).
22. In Mali und Niger haben die Rebellionen der 1990er Jahre die Erinnerung an das große französische Projekt der Gründung der Organisation commune des régions sahariennes (OCRS) im Januar 1957 wieder aufleben lassen, für das der Gesetzentwurf von Felix Houphouët-Boigny in die französische Nationalversammlung eingebracht worden war. (Zur OCRS siehe André Bourgeot, *Sahara: espace géostratégique et enjeux politiques (Niger)*, Naqd, Nr. 31, 2014).
23. ONE, OXFAM und Sherpa, *Transparenz im Rohzustand. Decryption of the Transparency of Extractive Industries*, April 2017.
24. Zahlreiche Artikel zu diesem Thema finden sich auf der Website der Ecofin-Agentur www.agenceecofin.com. S. a. Fabienne Pinel, *La Chine, le pétrole et l'Afrique*, auf Afrik.com.
25. Moussa Tchangari, *Bassin du lac Tchad: Boko Haram et enjeux pétroliers*, veröffentlicht 2016 auf der Website von Alternative Espaces Citoyens www.alternative-niger.net.
26. Algerien und Nigeria haben sich immer gegen jede westliche Militärpräsenz in der Region ausgesprochen, aber es ist nicht klar, ob sie Versuche einer territorialen Neukonfiguration verhindern können. Die Einrichtung von Militärstützpunkten in ihrer Nachbarschaft stellt für beide Länder eine Art Niederlage dar.
27. Niger gehört zu den Hauptbegünstigten des Treuhandfonds, der von der Europäischen Union auf dem Gipfeltreffen in Valletta initiiert wurde.
28. Dieser französische Ausdruck bedeutet so viel wie »Menschen, die keinen Teil an oder keinen Platz in der Gesellschaft haben« (Anm. d. Übers.).
29. Achille Mbembe, *Cinquante ans après la décolonisation*, Aux Africains de se battre, Courrier international, April 2010, http://www.courrierinternational.com/article/2010/04/01/aux-africains-de-se-battre.

30. Die Vereinten Nationen organisierten im August 2015 eine internationale Jugendkonferenz in Amman, Jordanien, und veröffentlichten einen Bericht über den Zustand der Jugend (*Youth Civil Engagement*).

3

Die Hoffnungen
der Jugend
und die
autoritäre
Versuchung

Ein neu erwachtes Interesse
an der Jugend

Die Beziehung der Jugend zum Staat und seinen Institutionen, ein Zusammenhang, der früher von der öffentlichen Politik sehr vernachlässigt wurde, scheint sich heute überall in der Sahelzone zu einem der maßgeblichen Themen zu entwickeln. Die zahlreichen Arbeiten und Studien zu diesem Thema wie auch die verschiedenen Initiativen, die sowohl von staatlichen Institutionen als auch von NGOs in aller Eile aus dem Boden gestampft worden sind, bezeugen dieses neu erwachte Interesse an der Jugend. Auch wenn es hierbei weniger um die Entwicklung dieser Jugend als vielmehr um ihre Positionierung zum Stellenwert der Gewalt im politischen Handeln geht. Zwar enthält der Aktionsplan der Vereinten Nationen ausdrücklich die Empfehlung, der Jugend besondere Aufmerksamkeit zuteilwerden zu lassen; allerdings sollte man in diesem Zusammenhang nicht übersehen, dass es in erster Linie darum geht, die jungen Menschen als »wertvolle Partner« bei der Prävention von gewalttätigem Extremismus zu gewinnen – und nicht etwa darum, sie als die Träger von Wandel und Entwicklung zu behandeln. Offenkundig läuft das zentrale Anliegen der Staaten, wie auch einiger NGOs, auf die Frage hinaus, wie der Ausbreitung eines gewalttätigen Extremismus unter jungen Menschen vorgebeugt werden kann. Mit anderen Worten geht es darum zu verhindern, dass sich junge Menschen in Städten und auf dem Land den verschiedenen bewaffneten Gruppen anschließen, vor allem den dschihadistischen und irredentistischen Gruppen, die in bestimmten Regionen operieren. Das neue Interesse an der Jugend ist also größtenteils auf den Umstand zurückzuführen, dass diese zu einem Hauptmittel im Kampf gegen den gewalttätigen Extremismus und in gewissem Maße auch im Kampf der Länder des Nordens gegen die sogenannte illegale Migration geworden ist. Die im Dezember 2015 verabschiedete Resolution 2250 des Sicherheitsrats der Vereinten Nationen gibt einen kleinen Einblick in die Befürchtungen, die die aktuelle Situation junger Menschen in der Welt, insbesondere in konfliktbetroffenen Ländern, hervorruft.[1]

Mit dieser Resolution bestärkt der Sicherheitsrat eine in afrikanischen Ländern beliebte Rhetorik, die junge Menschen mehr als Bedrohung für die staatliche Sicherheit denn als Chance für ihre Länder darstellt. Tatsächlich stellt die Wahrnehmung junger Menschen als Bedrohung auch in diesem Gremium der Vereinten Nationen keine Neuheit dar; vielmehr war diese Tendenz bereits in mehreren Resolutionen und Berichten zu Konflikten in Afrika, welche von den Vereinten Nationen oder den diesen angegliederten

Organisationen veröffentlicht worden sind, deutlich spürbar. Dies gilt insbesondere für den berühmten UNOWA-Bericht zu Jugendarbeitslosigkeit und Unsicherheit in Westafrika aus dem Jahr 2005; dieser betonte, dass »das derzeitige Niveau der Jugendarbeitslosigkeit in Westafrika eine tickende Zeitbombe für die Region und darüber hinaus darstellt«. In der von der UNOWA unmittelbar vor dem afrikanisch-französischen Gipfeltreffen in Bamako im Dezember 2005 veröffentlichten Erklärung hieß es warnend: »Die desillusionierte westafrikanische Jugend sieht sich zunehmend mit zwei Möglichkeiten konfrontiert: Gewalt oder Emigration.«[2]

Zwei Jahre nach der Veröffentlichung des UNOWA-Berichts legte dann der Generalsekretär der Vereinten Nationen selbst dem Sicherheitsrat einen Bericht zu grenzüberschreitenden Angelegenheiten in Westafrika vor, in welchem er betonte, dass »arbeitslose junge Menschen eine leichte Beute für die Anwerber der Milizen sind, die die Gewalt schüren, und daher eine ernsthafte Bedrohung für Frieden und Sicherheit darstellen«. In dem Bericht ist zum einen davon die Rede, dass »seit 15 Jahren der Krieg der wichtigste ›Arbeitgeber‹ für die große Mehrheit der jungen Menschen in Westafrika ist«; zum anderen wird betont, dass »die unvollständige und verspätete Umsetzung von Demobilisierungs-, Entwaffnungs- und Wiedereingliederungsprogrammen das Problem der endemischen und potenziell gefährlichen Jugendarbeitslosigkeit verschärft«. Der im Bericht des Generalsekretärs ausgesprochenen Warnung folgten keine konkreten Handlungen; erst 2015 wurde das Thema Jugend wieder auf die Agenda der Vereinten Nationen gesetzt, und zwar abermals in Verbindung mit der Sicherheitsproblematik.

Auch die Frage der Jugendbeschäftigung hat bis vor kurzem keine Rolle in der politischen Agenda Westafrikas gespielt; dabei hat sich die im Bericht des Generalsekretärs der vereinten Nationen beschriebene alarmierende Lage in der Zwischenzeit praktisch nur zum Schlechteren verändert. Die in diesem Bericht angesprochenen Risiken, insbesondere die Gefahr einer Zunahme von Gewalttaten und Auswanderungsbestrebungen, haben sich schließlich als sehr real erwiesen; und erst jetzt scheinen sich die Staaten der Region der Notwendigkeit von Initiativen zur Förderung der Jugendbeschäftigung bewusst zu werden. Dabei werden die meisten dieser Initiativen mit ausländischen Mitteln finanziert. Zudem reihen sie sich in der Regel in die Maßnahmen zur Prävention von gewalttätigem Extremismus oder zur Bekämpfung illegaler Migration ein. Des Weiteren beschränken sie sich geografisch auf einen eng begrenzten Raum und kommen in Anbetracht der Masse an jungen Menschen, die auf der Suche nach Arbeit sind, nur einer relativ kleinen Zahl von Personen zugute.

In einem Bericht mit dem Titel *L'Emploi des jeunes en Afrique subsaharienne*[3], der 2014 unter der Schirmherrschaft der Weltbank veröffentlicht wurde, heißt es: »In den nächsten zehn Jahren wird bestenfalls ein Viertel der Jugend in Subsahara-Afrika eine abhängige Beschäftigung finden, und nur bei einem kleinen Bruchteil dieser Arbeitsplätze wird es sich um ›formelle‹ Arbeitsplätze in modernen Unternehmen handeln.«[4] Der Bericht stellt fest, dass »die beschäftigungspolitische Herausforderung daher nicht nur darin besteht, Arbeitsplätze im formellen Sektor zu schaffen, so wichtig diese auch sein mögen, sondern auch darin, die Produktivität von fast 80 Prozent der Erwerbstätigen, die im informellen Sektor tätig sein werden, zu steigern und damit das Problem der Unterbeschäftigung in diesem Sektor anzugehen«. Die in diesem Bericht getroffenen Feststellungen basieren zwar auf einem liberalen Ansatz zur Problematik der Jugendbeschäftigung, sie stimmen aber mit den Ergebnissen anderer Studien überein; insbesondere gilt dies für die 2015 von der Agence Française de Développement in den Sahelländern durchgeführte Studie, in der es heißt, dass »die öffentlichen Maßnahmen zur beruflichen Eingliederung unzureichend oder unangemessen sind« und dass dem Agrarsektor als Arbeitsplatzlieferant dringend größere Aufmerksamkeit gewidmet werden sollte.[5]

Trotz all dieser Warnungen verfügt derzeit keiner der Sahelstaaten über eine konsequente Politik zur beruflichen Eingliederung von jungen Menschen. Dabei liegt dies nicht so sehr an einem fehlenden Bewusstsein für die Bedeutung, die der massiven Arbeitslosigkeit der städtischen und ländlichen jungen Menschen für die staatliche Stabilität zukommt, als vielmehr an dem zunehmend ungünstigen wirtschaftlichen Umfeld. Zwar hatten die meisten dieser Länder zwischen 2010 und 2015 ein hohes Wirtschaftswachstum zu verzeichnen, was hauptsächlich auf die steigenden Rohstoffpreise zurückzuführen ist; allerdings hat der nach wie vor große Einfluss der internationalen Finanzinstitutionen, insbesondere des Internationalen Währungsfonds, es ihnen unmöglich gemacht, eine Politik umzusetzen, die auf die Schaffung von Arbeitsplätzen ausgerichtet ist. So wird die Lage jedenfalls im Bericht der Weltbank von 2014 für das gesamte Subsahara-Afrika beschrieben.

Heute, drei Jahre später, sieht sich eine solche Politik aufgrund der wirtschaftlichen Rezession, von der die meisten Sahelländer betroffen sind, mit noch größeren Schwierigkeiten konfrontiert. Der Verfall der Rohstoffpreise und die steigenden Ausgaben für Militär und Sicherheit bilden – den politischen Willen seitens der Regierenden einmal vorausgesetzt – ernsthafte Hindernisse für das Entstehen proaktiver öffentlicher Initiativen zur sozialen Eingliederung von jungen Menschen. Unter anderem aus diesem Grund beschränken sich die Maßnahmen zur Verhinderung von gewalttätigem Extremismus in der Regel auf Programme zur Informierung und Sensibilisierung der Jugend; bestenfalls werden Mikroprojekte durchgeführt, die sich auf sogenannte einkommensschaffende Aktivitäten konzentrieren. Im Übrigen ist zu sagen, dass die Initiativen zur Verhinderung von gewalttätigem Extremismus in Bezug auf die soziale Eingliederung und Integration von jungen Menschen nicht sehr ehrgeizig sind.

Dennoch muss man anerkennen, dass das neue Interesse der Staaten und der Vereinten Nationen an der Jugend an sich schon einen bedeutenden Fortschritt darstellt, zumindest in den offiziellen Reden. Denn es bezeugt die allgemeine Einsicht, dass die Einbeziehung der Jugend nicht mehr allein eine soziale Frage darstellt, sondern auch für die Sicherheit und Stabilität der gesamten Region von großer

Bedeutung ist. Zu beklagen ist demgegenüber die heutige Tendenz zur »Entpolitisierung« der Debatte über gewalttätigen Extremismus. Diese äußert sich in einer heuchlerischen Ausblendung der Gründe, warum sich junge Menschen radikalisieren und sich an bewaffneten Aktionen beteiligen, anstatt ihre Meinung auf demokratischem Wege zu äußern. Die umfangreiche Literatur zu diesem Thema konzentriert sich vor allem auf Faktoren wie die Unkenntnis der islamischen Werte, Arbeitslosigkeit und Armut, die Schwächung oder das Fehlen der elterlichen Autorität, die hohe Analphabetenrate und die Exzesse und Missbräuche der Sicherheitskräfte.[6] Einigen dieser Faktoren widmet sich eine ganze Reihe von Initiativen zur Prävention von gewalttätigem Extremismus oder zur Bekämpfung der Radikalisierung von jungen Menschen.

Prävention von gewalttätigem Extremismus braucht Bildung

Im Zuge des Aktionsplans der Vereinten Nationen haben mehrere Sahelländer Initiativen zur Prävention von gewalttätigem Extremismus im Jugendalter ins Leben gerufen.

Zu diesen Ländern gehört Niger, das dank der Unterstützung des Entwicklungsprogramms der Vereinten Nationen (UNDP) als erster Staat über einen nationalen Plan zu verfügen scheint; Gleiches gilt für Mali, das 2016 einen Prozess zur Entwicklung einer nationalen Strategie eingeleitet hat. Ebenso haben die G5 Sahel – die Sahel-Allianz, ein Zusammenschluss von Staaten, die vom Phänomen des gewalttätigen Extremismus betroffen sind – im Februar 2014 ein entsprechendes Strategiepapier mit dem Titel *Stratégie pour le développement et la sécurité des pays du G5 Sahel*[7] veröffentlicht. Allerdings wird in diesem nur sehr zaghaft auf die enorme Herausforderung der Schaffung von Arbeitsplätzen für junge Menschen Bezug genommen.

Zwar erwähnt das Dokument die Bedeutung dieser Problematik insbesondere im Zusammenhang mit der Sicherheitsproblematik, es werden jedoch keine Angaben zu Art und Anzahl der Arbeitsplätze gemacht, die für junge Menschen geschaffen werden sollen. Wie so viele andere Initiativen beruht auch die Strategie der G5 Sahel in Wahrheit auf dem gemeinsamen Bestreben der Mitgliedstaaten, das Risiko, dass die Jugend der Sahelzone in den gewalttätigen Extremismus und den Terrorismus abrutscht, ›abzuschwächen‹. Und aus ebendiesem Grund zielt der Großteil der empfohlenen Maßnahmen auf das, was der Aktionsplan der Vereinten Nationen als Radikalisierungsfaktoren bezeichnet, und nicht auf strukturelle und konjunkturelle Faktoren, die den gewalttätigen Extremismus begünstigen. Bei dieser Entscheidung spielen natürlich die finanziellen Kosten eine Rolle: Wie viel soll man ausgeben? Es geht aber auch und vor allem um die politischen Kosten: Welche Konsequenzen haben die eingeleiteten Maßnahmen für die Regierungsführung?

Ungeachtet dessen ist der Strategie der G5 Sahel das Verdienst zuzuerkennen, dass sie die meisten Herausforderungen, mit denen die Länder der Region konfrontiert sind, anspricht, einschließlich derjenigen, die mit der Regierungsführung zusammenhängen. Die Strategie setzt sich die folgenden Ziele: »(i) die Sicherheit von Personen und Gütern in den Mitgliedsländern zu erhöhen; (ii) auf die Erschließung grenzüberschreitender Gebiete hinzuarbeiten; (iii) eine gute Regierungsführung als Grundlage für Frieden, Stabilität und Entwicklung zu fördern; (iv) die Produktionskapazitäten, die Schaffung von Wohlstand und den

Zugang zu grundlegenden sozialen Dienstleistungen zu erhöhen«. Was die Prävention von gewalttätigem Extremismus angeht, sieht die Strategie verschiedene Maßnahmen vor, unter anderem eine Sensibilisierung der Öffentlichkeit und die Förderung bürgerlicher und soziokultureller Werte, die Stärkung der Kapazitäten bestimmter Institutionen (Justiz, Gefängnissystem, Regulierungsorgane usw.), eine Kontrolle der Finanzströme und eine Überwachung der konfessionellen Bildung.

Die genannten Maßnahmen finden sich in unterschiedlicher Form in den meisten nationalen Initiativen zur Prävention von gewalttätigem Extremismus wieder. Dies gilt zum Beispiel für den Prioritätsplan »plan prioritaire pour la consolidation de la paix«[8], eine Initiative, die im Sommer 2015 von der nigrischen Regierung ins Leben gerufen und von den Vereinten Nationen finanziell unterstützt wurde (mit 12 Millionen US-Dollar).[9] Diese Initiative, deren Besonderheit darin besteht, dass sie sich im Gegensatz zur Strategie der G5 Sahel hauptsächlich auf die Jugend konzentriert, setzt es sich zum Ziel, der Entstehung von Konflikten vorzubeugen und einen nachhaltigen Frieden zu fördern. Sie fokussiert sich dabei auf drei Hauptaspekte: »(i) Empowerment und pazifistische Einbindung von jungen Menschen in Risikogebieten; (ii) Konfliktprävention/-management und integrative Regierungsführung; sowie (iii) Stärkung von Stabilität und Sicherheit in Grenzgebieten.« Der Großteil der im Zuge dieser Initiative vorgesehenen Maßnahmen soll in bis zu 15 Gemeinden umgesetzt werden, die sich »in den als am meisten gefährdet geltenden Regionen Agadez, Tahoua,

Tillabery, Zinder und Maradi befinden, und zusätzlich in der Hauptstadt Niamey«[10].

Die entscheidende Frage der Bildung junger Menschen bleibt in der Initiative jedoch unberücksichtigt oder wenigstens wird die Bildung nicht als Schlüsselfaktor für den Aufbau einer Kultur des Friedens behandelt. In diesem Zusammenhang werden lediglich die »Schwäche des familiären Dialogs und das Fehlen von Rahmenbedingungen, die es jungen Menschen ermöglichen, ihre Persönlichkeit auf kultureller und sportlicher Ebene auszudrücken«, als Faktoren angeführt, die die Gefahr einer wirtschaftlichen Marginalisierung erhöhen. Dies ist als ein schwerwiegender Mangel anzusehen, denn die Kultur der Gewalt, die sich unter jungen Menschen auszubreiten scheint und deren besorgniserregendste Ausprägungen in der nigrischen Initiative durchaus Erwähnung finden, stellt sich als das Ergebnis einer Bildungskrise dar, mit der das Land schon lange vor den 1980er Jahren zu kämpfen hatte.

Dies ist auch, wie man hervorheben muss, einer der Gründe, warum sich eine bewaffnete Gruppe wie Boko Haram im Norden Nigerias und im Südosten Nigers bei der Bevölkerung so großer Beliebtheit erfreut. Lange bevor diese Gruppierung zum bewaffneten Kampf überging, haben ihre Anführer mit Vehemenz gegen das westliche Schulsystem protestiert, wobei sie dieses als Hauptursache aller Probleme darstellten.[11] Jahrelang waren sie darum bemüht, diese Institution in den Augen der Gemeinschaften als dem Islam zuwiderlaufend zu diskreditieren oder sie auch ganz direkt zu blockieren, indem sie sie zum Ziel ihrer bewaffneten Angriffe machten. Wie im UNESCO-Weltbericht 2011 zur »Bildung für alle« (EFA)[12] dargelegt, geben derartige Situationen in zweierlei Hinsicht Anlass zur Sorge: Erstens haben die bewaffneten Konflikte verheerende Auswirkungen auf die Möglichkeiten der Kinder, ihr Recht auf Bildung in Anspruch zu nehmen; und zweitens deutet das Fortbestehen dieser Konflikte zumindest darauf hin, dass es den Führern der betroffenen Länder nicht gelungen ist, der Bildung die Aufgabe zukommen zu lassen, die ihr zukommen sollte, nämlich in den Köpfen der Menschen einen »Schutzschild des Friedens« zu errichten, wie es in der Gründungscharta der UNESCO heißt.

In Mali und Niger ist die Krise der Bildungssysteme auf jeden Fall zum beredtsten Indikator für die globale Krise geworden, mit der diese Länder konfrontiert sind. Im EFA-Bericht der UNESCO aus dem Jahr 2014 wird Niger als eines der Länder mit der schlechtesten Bildungsqualität aufgeführt.[13] Der Bericht enthüllte, dass nach vier Jahren Grundschulunterricht weniger als 10 Prozent der Kinder in der Lage waren, zu lesen und zu schreiben, und dass es nach fünf bis sechs Jahren noch immer weniger als 30 Prozent waren. Des Weiteren betonte der Bericht, dass das Ziel einer Alphabetisierungsrate von über 97 Prozent bei Mädchen unter den derzeitigen Bedingungen für die reichsten Länder 2078 und für die ärmsten Länder 2130 erreicht werden könnte.

Bei einer derart schlechten Leistung ist offenkundig, dass Niger wie andere Länder viel Geld umsonst ausgibt: Zahlreiche Kinder und Erwachsene sind auch nach jahrelanger Ausbildung noch immer Analphabeten. Das Fortbestehen des Analphabetentums muss notwendig schwerwiegende Folgen für die wirtschaftliche und soziale Entwicklung wie auch die Verankerung der Demokratie haben. Denn ein Volk, das nicht lesen und schreiben kann, ist nicht dazu imstande, den Hunger zu bezwingen, sich gesund zu erhalten, die Armut zu überwinden und wirksam am demokratischen Leben teilzunehmen. Ohne eine gute und ernsthafte Bildung kann kein Land auf eine günstige Entwicklung sowie die Wahrung von Frieden und sozialem Zusammenhalt hoffen, denn erst die Bildung ermöglicht es dem Menschen, alle seine Rechte wahrzunehmen. Dies wurde auch im UNESCO-Bericht des Jahres 2011 *Die verborgene Krise. Bewaffnete Konflikte und Bildung* sehr deutlich herausgearbeitet. Gleichwohl scheinen sich die Machthaber in Niger und Mali nicht darüber im Klaren zu sein, dass sie mit der Bildung der Kinder auch Entwicklung und Demokratie geopfert haben. Angesichts des Ausmaßes der Sicherheitsherausforderungen, denen sich Niger gegenübersieht, wird deutlich, wie unzureichend diese Initiative eines »Prioritätenplans für die Friedenskonsolidierung« aus dem Jahr 2015 ist, auch wenn sie als Zeichen des Willens, von der Logik der reinen Sicherheitspolitik abzuweichen, begrüßenswert erscheint, um den Trend zum Anstieg des gewalttätigen Extremismus im Land umzukehren. Erstens, weil der Staat selbst und seine ausländischen Partner nicht genügend Ressourcen bereitstellen, um einer kritischen Masse von jungen Menschen aus den am stärksten gefährdeten sozialen Schichten echte sozioökonomische Perspektiven zu bieten. Zweitens, weil die herrschenden Eliten immer noch zögern, die politischen und sozialen Reformen durchzuführen, die für den Erfolg der geplanten kleinen Anstrengungen unerlässlich sind. Und drittens, weil die erwarteten positiven Auswirkungen dieser Initiative sehr schnell durch andere Regierungsmaßnahmen zunichte gemacht und zu einer Quelle der Frustration für die gesamte Bevölkerung werden können.

Eines der größten Hindernisse für den Erfolg von Initiativen zur Prävention von Gewaltextremismus in Niger und anderen Ländern, die mit diesem Phänomen konfrontiert sind, besteht darin, dass sie sich nicht als Bruch mit den politischen und wirtschaftlichen Gegebenheiten darstellen. Die Staaten versuchen den Anstieg des gewalttätigen Extremismus, insbesondere unter jungen Menschen, mit Maßnahmen einzudämmen, die keinen Bruch mit jener liberalen Wirtschafts- und Sozialpolitik markieren, welche zu der aktuellen sozialen Katastrophe geführt hat. Eines der auffälligsten Anzeichen für diese Entscheidung, die wie eine Sturheit der Führer der Sahelländer aussieht, an dem bereits vorgezeichneten Weg der antisozialen Politik festzuhalten, ist die erwähnte Unterordnung unter die »Migrationspolitik« der Europäischen Union. Ein weiteres Anzeichen hierfür stellen die absurden Angriffe auf die wirtschaftlichen Rechte der Akteure des informellen Sektors dar; so wurden von den Behörden in Niger und Mali seit 2016 Tausende von »Kiosken«[14] abgerissen.

Darüber hinaus muss auf die potenziell negativen Auswirkungen einer Bodenpolitik hingewiesen werden, die den Landraub von Acker- und Weideflächen begünstigt. Auch wenn die afrikanische Jugend im Allgemeinen wenig Interesse am landwirtschaftlich Sektor hat, bleibt das Land doch für die Mehrheit der Bevölkerung die wichtigste Lebensgrundlage. Das Phänomen des Landraubs, das von einigen internationalen Institutionen stark gefördert wird,[15] stellt daher eine ernsthafte Bedrohung für die Zukunft der ländlichen Jugend dar. Die 2016 von der Vereinigung Alternative Espaces Citoyens organisierten öffentlichen Treffen im Rahmen eines Projekts zur Verpachtung von 120 000 Hektar Land an ein saudi-arabisches Unternehmen[16] boten Gelegenheit, das Risiko einer Gewaltexplosion zu ermessen, das solche Initiativen mit sich bringen können – insbesondere in nationalen Kontexten, in denen diverse bewaffnete Gruppen der Gewalt ein willkommenes Ventil bieten.

Tatsächlich führen Konflikte um den Zugang zu und die Kontrolle über natürliche Ressourcen, insbesondere zwischen Viehzüchtern und Landwirten, immer wieder zu tödliche Auseinandersetzungen. Organisationen, die sich mit dieser Thematik beschäftigen, weisen zudem auf die Gefahr hin, dass diese Konflikte, die mitunter durch das Phänomen des Landraubs zusätzlich verschärft werden, von bewaffneten Gruppen ausgenutzt werden. Darüber hinaus steht zu befürchten, dass das Phänomen des Landraubs die gesamte, in einigen Studien angekündigte Aussicht gefährdet, dass der landwirtschaftliche Sektor zu einem Auffangbecken für die Masse an jungen Arbeitslosen wird. Es ist bekannt, dass ausländische Investoren gewaltige Kapitalmengen zum Aufbau moderner Betriebe bereitstellen können; doch ist ebenso bekannt, dass solche Betriebe niemals eine Lösung für Länder gewesen sind, in denen Jugendarbeitslosigkeit ein ernsthaftes Problem darstellt.

In Anbetracht all dieser Faktoren wird deutlich, dass die in den Sahelländern, insbesondere in Mali und Niger, laufenden Initiativen nur geringe Aussichten haben, diese Länder aus dem Teufelskreis der bewaffneten Gewalt herauszuführen. Nicht nur, weil sie die soziale Eingliederung junger Menschen nicht ausreichend fördern, sondern vor allem, weil sie in einem Umfeld stattfinden, in dem der Autoritarismus früherer Zeiten wieder in Mode zu kommen scheint. Die Verschlechterung der Sicherheitslage nährt schleichend eine gewisse autoritäre Versuchung, die sich sowohl in der Praxis der Machthaber als auch in einer gewissen Rhetorik manifestiert, welche den Versuch unternimmt, einen kausalen Zusammenhang zwischen dem Aufkommen der Mehrparteiendemokratie und der gegenwärtigen Lage der Sahelländer herzustellen.[17] Hierbei wird die Behauptung aufgestellt, dass das Aufkommen der Demokratie in maßgeblicher Weise zur Destabilisierung dieser Staaten beigetragen habe. Es werden damit Analysen wie jene von Guy Rossatanga-Rignault[18] aufgegriffen, welche den Eindruck erwecken, die Demokratisierung hätte den Weg zu einer Schwächung der staatlichen Autorität geebnet, insofern es dadurch zu einer Zunahme des Misstrauens gekommen ist, was sich in Arbeiterstreiks oder auch der Unzufriedenheit von Truppenangehörigen zeigt.

Die Gefahr einer Rückkehr des Autoritarismus

Auch die jüngsten sicherheitspolitischen Entwicklungen, insbesondere das Erstarken dschihadistischer Gruppen in der Sahel-Sahara-Region und im Tschadseebecken, sind gemäß den Vertretern dieser Richtung als Indizien anzusehen, die auf den destabilisierenden Charakter der Demokratisierung hindeuten. Die Hauptverzerrung dieser Analyse liegt zunächst im Ausblenden der Tatsache, dass es nur sehr wenigen Sahelländern – vor allem unter denjenigen, die heute aus sicherheitspolitischer Sicht am schwächsten und verwundbarsten sind – gelungen ist, ein demokratisches System aufzurichten, das diesen Namen auch verdient. Dabei deuten die Tatsachen darauf hin, dass die Schwächung dieser Staaten, die sich in ihrer immer offensichtlicheren Unfähigkeit äußert, ihre hoheitlichen Aufgaben der Verteidigung und der Wahrung der Sicherheit wahrzunehmen, in erster Linie auf die Weigerung der herrschenden Eliten zurückzuführen ist, den notwendigen Bruch mit der alten Ordnung zu vollziehen. Die Versuche, die Verfassungen zu ändern, und die Angriffe auf die Grundrechte und -freiheiten sind allesamt klare Anzeichen für eine fortschreitende autoritäre Entwicklung.

Darüber hinaus lässt es sich heute kaum mehr leugnen, dass die Schwächung dieser Staaten zumindest teilweise die logische Folge der Weigerung ihrer Führer darstellt, mutige Reformen des Staatsapparats durchzuführen, insbesondere eine Reform der Verteidigungs- und Sicherheitskräfte in ihrer Beziehung zu den Bürgern und anderen staatlichen Institutionen. Es gerät dabei leicht aus dem Blick, dass die Notwendigkeit und Dringlichkeit einer solchen Reform bereits zu Beginn der demokratischen Kämpfe in den 1990er Jahren deutlich spürbar war und auch zum Ausdruck gebracht wurde. Dies gilt insbesondere für Niger, wo die Armee unmittelbar nach der Konferenz zur nationalen Souveränität mit Billigung der Übergangsbehörden ihre Bestandsaufnahme selbst organisierte, auch wenn diese Initiative – die erste ihrer Art, die in dem Land erprobt wurde – letztlich nicht die erwarteten Veränderungen in der Beziehung der Armee zur Politik und zu den Bürgern zur Folge hatte.

Laut dem nigrischen Wissenschaftler Kimba Idrissa beschränkte sich die 1992 in Niger durchgeführte Bestandsaufnahme »auf eine Untersuchung der Funktionstüchtigkeit der Armee sowie der Mittel und Wege, die zu befolgen und umzusetzen sind, damit diese ihre Aufgabe erfüllen kann, die Sicherheit und den Frieden zu wahren«[19]. Dabei haben so entscheidende Fragen wie die nach der Beziehung der Armee zu den Bürgern – insbesondere in den Randgebieten, die heute Schauplätze bewaffneter Konflikte sind – und auch die nach der Rolle der Armee in einem demokratischen Kontext in Wahrheit kaum eine Rolle gespielt. Ebendiese Fragen sind jedoch in Ländern wie Mali und Niger, welche Militärregime und bewaffnete Rebellionen erlebt haben, von entscheidender Bedeutung, da sie sowohl die Sorgen der Bürger (Sicherheit, Achtung der Rechte und der Würde) als auch jene der politischen Klasse (Unterordnung des Militärs unter die zivile politische Autorität) widerspiegeln.

Heute sehen sich die Machteliten dieser Länder, die jetzt den Preis für ihre Zögerlichkeit bei der nötigen Reform der Armee zu zahlen haben, gezwungen, auf die Streitkräfte der Großmächte zurückzugreifen. Dabei deutet alles darauf hin, dass diese Einbindung ausländischer Streitkräfte untrennbar mit der Angst der Machthaber verbunden ist, die nationalen Armeen könnten die Verschlechterung der Sicherheitslage ausnutzen, um abermals die politische Bühne zu übernehmen.[20] Ungeachtet aller gegenteiligen Bekundungen seitens der verantwortlichen Politiker zeugt der Einsatz ausländischer Streitkräfte in erster Linie von einem mangelnden Vertrauen in die nationale Armee. Dabei gründet dieser Vertrauensmangel sicherlich zum einen darauf, dass man an der Fähigkeit der nationalen Streitkräfte zweifelt, den bewaffneten, terroristischen Gruppen wirksam entgegenzutreten; zum anderen aber und vor allem gründet er darin, dass man ihre Loyalität gegenüber Regimen anzweifelt, deren desaströse Regierungsführung zuallererst den Weg für den Aufstieg dieser Gruppen geebnet hat.

Aller Wahrscheinlichkeit nach war der Militärputsch von Hauptmann Amadou Haya Sanogo gegen Präsident Amadou Toumani Touré im März 2012, welcher auf eine der demütigendsten Niederlagen der malischen Armee im Norden des Landes folgte, für die Machthaber in der Sahelzone ein echter Weckruf.[21] Denn in diesem neuerlichen Einbruch der Armee auf die politische Bühne, der sich kurz nach dem Putsch von General Salou Djibo in Niger ereignete, kündigte sich die Gefahr an, dass die Ära der zivilen Regime zu Ende gehen könnte. Da ebendiese Gefahr auch fünf Jahre später noch Bestand hatte, kann man davon ausgehen, dass die ausländische Militärpräsenz vor allem von den Machthabern in der Sahelzone als Mittel zur Abwendung dieser Gefahr angesehen wurde.

Es ist also nicht auszuschließen, dass die starke ausländische Militärpräsenz, insbesondere in Mali und Niger, von den Staatsoberhäuptern als Schutzgarantie gegen mögliche Militärputsche angesehen wird. Dies könnte auch erklären, warum sie sich nicht allzu sehr um die langfristigen Folgen oder auch um die Ineffizienz der militärischen Präsenz zu sorgen scheinen, obwohl beides in der nationalen Öffentlichkeit stark kritisiert wird. Die aktuelle Verwaltung dieser Länder legt den Verdacht nahe, dass die militärische Präsenz ausländischer Mächte in den Augen dieser Herrscher als eine Bürgschaft für die Möglichkeit zur Fortsetzung jener schon seit langer Zeit betriebenen Raubpolitik zu betrachten ist. Und vielleicht ist hierin auch der Grund zu suchen, warum nichts unternommen wird, um breite Bevölkerungsschichten für den Kampf gegen den Terrorismus zu gewinnen; denn ebendies würde klare Signale erfordern, dass es bei dem Kampf in erster Linie um die Verteidigung der Werte geht, die der Bevölkerung am Herzen liegen.

Es ist daher wenig wahrscheinlich, dass die Bevölkerung der betreffenden Länder, obwohl sie sich durchaus darüber im Klaren ist, dass sie es ist, die die Hauptlast dieses Krieges zu tragen hat, dauerhaft Regime unterstützen wird, die ihr nur Verachtung entgegenbringen. Noch weniger wahrscheinlich ist es jedoch, dass sie sich auf die Seite bewaffneter Gruppen stellen wird, die trotz ihrer ideologischen Selbstdarstellung, in der sie sich auf die muslimische Religion berufen, kaum als mehr erscheinen denn als Instrumente zur Destabilisierung der Region. Eine glückliche Aussicht für alle Beteiligten – vor allem aber für die westlichen Großmächte. Diese erhalten hierdurch nämlich die Sicherheit, dass sie ihre Schutzherrschaft über Länder werden aufrechterhalten können, die reich an diversen Ressourcen sind und von einer korrupten Elite regiert werden, welche auf ihre dauerhafte Unterstützung angewiesen ist. Und ebenso ist es eine glückliche Aussicht für diese Elite selbst, die auf diese Weise sicher sein kann, zumindest über diejenigen Gebiete herrschen zu können, die noch unter ihrer Kontrolle stehen, wobei sie die grundlegenden Werte und Prinzipien der Demokratie fröhlich ignoriert.

In gleicher Weise stellt sich die Aussicht jedoch auch für die bewaffneten Gruppen der Terroristen nicht ganz unglücklich dar: Auch wenn sie an der vollständigen Übernahme der Macht gehindert werden – sofern diese denn tatsächlich ihr Ziel ist –, so ist ihnen doch durch die gegebene

Lage zumindest eine lange Fortexistenz gesichert. Denn auch wenn diese bewaffneten Gruppen nicht als ein direktes Produkt jener Großmächte anzusehen sind, die derzeit die Bühne des Saheltheaters beherrschen, so dienen sie für den Moment doch durchaus deren Interessen. Somit deutet alles darauf hin, dass die Militäroperationen weniger auf eine vollständige Niederwerfung dieser Gruppen hinarbeiten, als vielmehr darauf, sie einzudämmen, insbesondere in Bezug auf ihre geografische Reichweite – in der geheimen Absicht, sie als ausgleichende Kräfte zu erhalten.[22] Die Existenz dieser Gruppen ist für jene von Nutzen, die die Oberhand in der ganzen Region zurückgewinnen wollen; denn solange die Ersteren ihren Kampf mit den nationalen Armeen fortsetzen, wird keine Regierung die Präsenz ausländischer Kräfte beenden wollen.

Dabei könnte die Existenz bewaffneter Gruppen, die heute als Rechtfertigung für die militärische Präsenz ausländischer Mächte und zur Befestigung der lokalen Mächte dient, morgen auch als Mittel zur Unterdrückung eines politischen Wandels genutzt werden, welcher den Interessen der ausländischen Mächte entgegensteht. Und das ist sicherlich auch der Grund, warum diese Letzteren sich auf eine Vorgehensweise verständigt haben, die der gemeine Bürger kaum für möglich hält, dass sie nämlich den Ländern weder die Mittel zur Selbstverteidigung an die Hand geben noch den Dialog mit den bewaffneten Gruppen vorantreiben. Die Möglichkeit eines politischen Dialogs mit den bewaffneten Gruppen, die sich zum Dschihadismus bekennen, ist, wie bereits erwähnt, sowohl in Niger als auch in Mali mit einem schweren Tabu belegt: Niemand wagt es offenbar, eine Öffnung des politischen Feldes für Anhänger des politischen Islamismus in Betracht zu ziehen.

In Ermangelung einer solchen Perspektive, die im Übrigen auch durch die Verfassungen der Länder ausgeschlossen wird,[23] verurteilen sich die Sahelstaaten zur Fortsetzung dieses in jeder Hinsicht ruinösen Krieges. Und da sie derzeit offenbar nicht über die Mittel verfügen, ihn zu gewinnen, verurteilen sie sich auch zu einer Abhängigkeit von den Großmächten, wobei man sich fragen kann, inwiefern diese ein Interesse daran haben, dass der Krieg unter Bedingungen endet, welche für die betroffenen Staaten günstig sind. An dieser Stelle wird deutlich, wie katastrophal die Lage in der Sahelzone ist, aber auch, dass sie sich komplexer gestaltet, als viele meinen. Die Sahelstaaten führen in diesen Tagen einen Kampf um den Erhalt gewisser politischer und ideologischer Prinzipien, die in ihren Verfassungen praktisch zu Dogmen erhoben wurden – konkret geht es dabei etwa um den säkularen oder konfessionslosen Staat, die Unantastbarkeit der aus der Kolonialzeit überlieferten Grenzen, die Mehrparteiendemokratie und dergleichen mehr. Zugleich ist jedoch in vielen Teilen der Gesellschaft eine politische und ideologische Strömung auf dem Vormarsch, die über keinerlei legale politische Möglichkeiten verfügt, nämlich der politische Islamismus.

Heute ist für jedermann leicht zu erkennen, dass der Einfluss des »salafistisch« inspirierten politischen Diskurses in allen gesellschaftlichen Bereichen in gravierendem Maße zunimmt, und zwar auch in intellektuellen Kreisen, insbesondere an den Universitäten und Hochschulen, wo früher die verschiedenen Strömungen des Marxismus-Leninismus dominierten. Wenn auch die Anhänger des bewaffneten dschihadistischen Kampfes innerhalb der reformorientierten islamischen Organisationen noch nicht sehr zahlreich sind, stellt sich die Frage, wie lange es die Tausenden von militanten Anhängern der Einführung der Scharia noch akzeptieren werden, sich einzig auf den Wohltätigkeitsbereich zu beschränken, den die Verfassungen vorgeben. Diese Frage gewinnt an Dringlichkeit, wenn man bedenkt, dass die Sahelstaaten im Rahmen der Bekämpfung des gewalttätigen Extremismus eine Regulierung der religiösen Sphäre anstreben und dass ebendiese Absicht, die von den ausländischen Partnern stark unterstützt wird, auf Widerstand stoßen und einen Bumerangeffekt auslösen könnte.[24]

In jedem Fall wird man sagen müssen, dass es in Anbetracht der Entwicklung aller übrigen Länder, die einen von dschihadistischen Gruppen angeführten bewaffneten Aufstand erlebt haben,[25] sehr unwahrscheinlich ist, dass die Sahelländer dem Schicksal einer autoritären Restauration entgehen werden. Wie die vorigen Ausführungen deutlich gemacht haben sollten, wird der laufende Krieg von den Machthabern als Gelegenheit genutzt, um die Freiheiten einzuschränken, die Souveränität der Länder zu untergraben und ihre knappen Ressourcen zu plündern. In ähnlicher Weise droht auch die in allen Ländern der Sahelzone zu beobachtende wirtschaftliche Rezession, welche es den Staaten unmöglich macht, die hohen sozialen Anforderungen zu erfüllen, den Weg für eine Rückkehr zum Autoritarismus früherer Zeiten zu ebnen. Diese Gefahr ist ohne Zweifel sehr real; gleichwohl handelt es sich dabei nicht um ein unabwendbares Schicksal, das über die Völker der Region verhängt wäre, denn noch ist ihr Widerstand nicht völlig gebrochen.

Die Notwendigkeit einer echten Revolution im Sahel

Der Ausweg aus der seit den 2000er Jahren andauernden politischen wie sicherheitspolitischen Krise in der Sahelzone setzt eine Anerkennung des Offensichtlichen voraus – dass nämlich der Anstieg dessen, was man mit einer etwas unbestimmten Vokabel als gewalttätigen Extremismus bezeichnet, seine Rechtfertigung oder zumindest seine Erklärung in den verschiedenen Formen der Gewalt findet, die von den Staaten selbst ausgeübt werden. In diesem Sinne ist die Gewalt extremistischer Gruppen, seien es nun dschihadistische oder ethnisch motivierte Bewegungen, als Antwort auf die Gewalt neokolonialer Staaten zu betrachten, die sich zwar mit dem Mäntelchen der Demokratie schmücken, jedoch von Korruption untergraben sind und von Eliten geführt werden, welche das Leid des Volkes unberührt lässt. Aus diesem Grund werden diese Staaten die bewaffneten Gruppen nur dann bezwingen können, wenn es ihnen gelingt, den Rest ihrer Legitimität in den Augen eines großen Teils der Bevölkerung zu bewahren oder sie gar zu erweitern.

Wie bereits erwähnt, beginnen die Staaten der Sahelzone allmählich zu erkennen, dass das Prinzip der »totalen Sicherheit« nicht nur besonders hohe finanzielle Kosten für Länder mit bereits ausgebluteten Volkswirtschaften mit sich bringt, sondern auch das Risiko birgt, die Trennlinie zwischen ihnen und den bewaffneten Gruppen zu verwischen. Da es bei der Bekämpfung der bewaffneten Gruppen auch um ideologische Fragen geht, setzt sich in den Staaten zunehmend das Bewusstsein durch, dass die Übergriffe der regulären Streitkräfte es den legitimen Behörden, welche demokratische Werte und ihre Bevölkerung verteidigen, unmöglich machen, sich terroristischen Gruppen entgegenzustellen, die konträre Werte propagieren und die Zivilbevölkerung ins Visier nehmen. Doch diese Erkenntnis hat bislang nur zu einem neuen Paradoxon geführt: Anstatt Anstrengungen zu unternehmen, um das Vertrauen der Bürger in die Institutionen zu stärken, welche die Demokratie verkörpern sollen, wird alles getan, um die ohnehin schon immense Frustration noch weiter zu verstärken.

Wie Achille Mbembe im Mai 2016 feststellte, hat der aktuelle Krieg gezeigt, dass der Terrorismus für die herrschenden Eliten »die historische Gelegenheit ist, die Demokratie durch die Aufhebung von Rechten, die Ausrufung des Ausnahmezustands und die polizeiliche Umgestaltung der Mechanismen zur Bewältigung des Alltags in einem schlechten Sinne zu dekonstruieren«[26]. Für die Jugend in der Sahelzone ergibt sich daher eine ganz klare Aufgabe: Sie muss sich dafür einsetzen, diese traurige Aussicht abzuwenden, deren Anzeichen bereits deutlich zu erkennen sind. Ein solcher Einsatz für ein Projekt des Wandels, der die Jugend wieder in die Politik zurückbrächte, wäre sicherlich die beste Antwort auf die aktuelle Lage. Denn zum einen könnte hierdurch der Gefahr begegnet werden, dass fundamentalistische Gruppen die Länder in ein noch größeres Chaos stürzen, und zum anderen würden auf diese Weise die herrschenden Eliten daran gehindert, die Länder in einem sterilen Status quo verharren zu lassen.

Im Aktionsplan der Vereinten Nationen aus dem Jahr 2015 wird darauf hingewiesen, dass der Kampf gegen den gewalttätigen Extremismus nicht gewonnen werden kann, wenn er nicht mit einem Projekt verbunden wird, das auf den »Aufbau offener, gerechter, inklusiver und pluralistischer Gesellschaften abzielt, die auf der uneingeschränkten Achtung der Menschenrechte beruhen und wirtschaftliche Chancen für alle bieten«. Das bedeutet, dass die Situation in der Sahelzone mehr als bloß punktuelle Initiativen zur »Prävention von gewalttätigem Extremismus« erfordert, die die tieferen Ursachen der Krise nur in oberflächlicher Weise berühren; stattdessen bedarf es tiefgreifender Reformen – ja es bedarf, um es ganz deutlich zu sagen, einer echten politischen, wirtschaftlichen, sozialen und kulturellen Revolution.

Hierfür ist zumindest eine Veränderung der Regierungsführung erforderlich, wodurch die Bürger die Möglichkeit erhalten, ihr Schicksal selbst in die Hand zu nehmen, und in den Genuss von Garantien kommen, die für die Ausübung ihrer bürgerlichen und politischen Rechte wie auch ihrer wirtschaftlichen, sozialen und kulturellen Rechte unerlässlich sind. Dies erfordert repräsentativere, effizientere und für die Bürger zugänglichere Institutionen, die auf den Grundsätzen der Transparenz und der Rechenschaftspflicht beruhen. Die Hauptsache ist dabei die Umgestaltung der repräsentativen Demokratie in ihrer derzeitigen Form in eine partizipative Demokratie. Ebenso ist jedoch eine Stärkung der gerichtlichen Einrichtungen erforderlich, deren Schwäche und Abhängigkeit Verletzungen der Menschenrechte begünstigen und den Kampf gegen die Korruption unmöglich machen – wie wir gesehen haben, ist die Abhängigkeit der Justiz von der Exekutive ein wichtiger Bestandteil der aktuellen Krise.

Schließlich wirft die aktuelle Situation in der Sahelzone die wichtige Frage auf, ob die Herrschaftsverhältnisse zwischen den lokalen Staaten und den westlichen Großmächten fortbestehen sollen. Denn der Nährboden, auf dem die bewaffneten Gruppen gedeihen konnten, wurde durch die »Strukturanpassungspläne« bereitet, die der Region seit den 1980er Jahren vom IWF und der Weltbank auferlegt worden sind; und die Bekehrung der politischen Eliten der Sahelzone zur neoliberalen Ideologie hat es umso schwieriger gemacht, auf die Herausforderungen der Gegenwart zu reagieren. Die Verhinderung von gewalttätigem Extremismus in der Sahelzone setzt selbst bei Anlegung des bloß reformistischen Ansatzes der Vereinten Nationen beträchtliche finanzielle Mittel voraus. Ohne diese besteht nicht die Möglichkeit, öffentliche Dienstleistungen für die gesamte Bevölkerung und menschenwürdige Arbeitsplätze für Millionen junger Menschen bereitzustellen. Doch woher diese Mittel nehmen, wenn Bodenschätze geplündert oder zu Spottpreisen gekauft werden, die Kriegsanstrengungen einen beträchtlichen Teil der öffentlichen Mittel verschlingen und blindlings ungerechte Wirtschaftspartnerschaftsabkommen unterzeichnet werden?

Seit dem Aufkommen der schwerwiegenden Sicherheitsprobleme in den Sahelstaaten sind die mit der Ausbeutung der Bodenschätze durch westliche und chinesische Großunternehmen verbundenen Einnahmen zurückgegangen. Dies hat zu einer drastischen Reduzierung der öffentlichen Investitionen in den sozialen Sektor (Bildung, Gesundheit, Ernährung, Beschäftigung) wie auch zu Schwierigkeiten geführt, bestimmte hoheitliche Ausgaben wie die Zahlung von Beamtengehältern zu gewährleisten. Das eindrücklichste Beispiel hierfür bietet der Tschad; hier sah sich der Staat im Jahr 2016 aufgrund des Verfalls der Ölpreise und schlechter Absprachen mit einigen multinationalen Unternehmen dazu gezwungen, die meisten seiner Baustellen aufzugeben und die Gehälter seiner Beamten zu kürzen.[27] Ähnlich verhält es sich in Niger, wo sich die finanziellen Schwierigkeiten des Staates aufgrund der sinkenden Öl- und Uranpreise, der Steuervorteile für Areva[28] und der Korruption an der Spitze verschärft haben.

Die Sahelzone wird sich nur durch eine Revolution aus der derzeitigen Lage befreien können; dabei stellt sich allerdings die Frage, ob eine solche Revolution überhaupt noch möglich ist. Eine schwierige Frage – man kann nur sagen, dass sie ganz gewiss notwendig ist. Der »Wille zum Aufstand«

ist, wie Achille Mbembe sagt, überall auf dem Kontinent vorhanden.[29] Es liegt an jenen, die der gegenwärtigen Situation überdrüssig sind, in erster Linie an den jungen Menschen, diesen Willen in den ersehnten Wandel zu überführen. Bislang sind es nur wenige Kräfte, die sich um eine Realisierung dieses Wandels bemühen. Zudem müssen noch viele Hindernisse überwunden werden, um zu gewährleisten, dass er außerhalb des heute vorgezeichneten Weges der bewaffneten Gewalt stattfindet. Diejenigen, die ihn verwirklichen wollen, müssen sich darüber im Klaren sein, dass sie einer Koalition nationaler und internationaler Interessen gegenüberstehen werden, die daran gewöhnt ist, jede derartige Initiative mit Gewalt zu unterdrücken. Ebenso müssen sie sich darüber im Klaren sein, dass Gewalt heute für jede Bewegung, die einen politischen und sozialen Wandel anstrebt, der Königsweg ist – zu ihrer eigenen Liquidierung und zur Perpetuierung des herrschenden Systems.

Anmerkungen

1. Die Resolution 2250 ist eine der wichtigsten Resolutionen, die von den Vereinten Nationen zum Thema Jugend verabschiedet wurden (https://www.un.org/en/sc/ctc/docs/2015/N1541307_FR.pdf).

2. UNOWA, *Youth unemployment and regional insecurity in West Africa*, Dezember 2005, https://reliefweb.int/report/guinea/youth-unemployment-and-regional-insecurity-west-africa.

3. Wörtlich übersetzt:»Die Jugendbeschäftigung in Subsahara-Afrika«; der Text ist auch auf Englisch erschienen und abrufbar unter: https://www.afd.fr/en/ressources/youth-employment-sub-saharan-africa (Anm. d. Übers.).

4. Deon Filmer und Louise Fox, *Youth Employment in Sub-Saharan Africa, Series* »*Africa Development Forum*«, World Bank, Washington DC, 2014.

5. Clara Arnaud, *Olivier Ray, Valérie Tehio, François Grunewald, Jeunesses sahéliennes: dynamiques d'exclusion, moyens d'insertion, Notes techniques, Agence française de développement*, März 2015.

6. Freedom C. Onouoha, *Why Do Youth Join Boko Haram?*, United States Institute of Peace, 9. Juni 2014, www.usip.org. Obwohl sich dieser Bericht auf den spezifischen Fall von Boko Haram in Nigeria bezieht, finden sich die darin enthaltenen Elemente auch in anderen Studien, die sich dem Thema widmen.

7. Ständiges Sekretariat der G5 Sahel, *Strategy for Development and Security in the G5 Sahel Countries*, September 2016, www.g5sahel.org.

8. https://illimi-niger.com/coordination/unct/rco/fonds-de-consolidation-de-la-paix/

9. United Nations Peacebuilding Fund, *Plan of Priorities for Peacebuilding*, August 2015.

10. Ebd.

11. Marc-Antoine Pérouse de Montclos (Hrsg.), *Boko Haram. Islamism, Politics, Security and the State in Nigeria*, IFRA Nigeria, 2014, https://openaccess.leidenuniv.nl/handle/1887/23853; siehe in diesem Sammelwerk insbesondere den Beitrag von Mohammed Kyari, »The messages and methods of Boko Haram«, S. 19.

12. Unesco, *The Hidden Crisis. Armed Conflicts and Education, EFA Global Monitoring Report 2011*, http://unesdoc.unesco.org/images/0019/001917/191794f.pdf.

13. Unesco, *Teaching and Learning: Achieving Quality for All, EFA Global Monitoring Report 2014*, http://fr.unesco.org/gem-report/report/2014/enseigner-et-apprendre-atteindre-la-qualit%C3%A9-pour-tous.

14. Siehe zum Beispiel:»Mali: les autorités poursuivent leur action contre des commerces jugés illégaux«, RFI, August 2016, http://www.rfi.fr/afrique/20160801-mali-autorites-poursuivent-bulldozer-action-contre-commerces-illegaux-bamako.

15. Landpolitiken, die Landgrabbing begünstigen, werden de facto von der Weltbank gefördert, wie z. B. aus dem folgenden Bericht hervorgeht: *Transforming Agriculture. Stimulating growth and ending extreme poverty in Africa*, 22. Juli 2013, http://www.banquemondiale.org/fr/news/press-release/2013/07/22/how-africa-can-transform-land-tenure-revolutionize-agriculture-end-poverty.

16. Observatoire du droit à l'alimentation et Alternative Espaces Citoyens, *Convoitises foncières dans le bassin du lac Tchad au Niger*, Dezember 2016, http://droitalalimentation.alternativeniger.net/wp-content/uploads/2017/01/Rapport-final_Accaparement_LacTchad.pdf. Der Bericht behandelt eine Initiative, die derzeit zwischen den nigrischen Behörden und dem saudi-arabischen Unternehmen Al

Horaish verhandelt wird. Es soll ein Vertrag über eine öffentlich-private Partnerschaft in Form eines Erbpachtvertrags mit einer Laufzeit von 99 Jahren über 120 000 Hektar Land im Komadougou-Becken und im Bett des Tschadsees in Niger abgeschlossen werden.

17. Die Rede von der Wiederherstellung der staatlichen Autorität war auf dem afrikanischen Kontinent vor allem in den ersten Jahren der Demokratisierung sehr populär.

18. Guy Rossatanga-Rignault, *Identitäten und Demokratie in Afrika. Entre hypocrisie et faits têtus*, Afrique contemporaine, Nr. 242, 2012, https://www.cairn.info/revue-afrique-contemporaine-2012-2-page-59.htm. Der Autor stellt das Problem folgendermaßen dar: Es geht darum, zu prüfen, ob das Heilmittel, welches die übliche Demokratie darstellt, abgesehen von all seinen inhärenten Qualitäten, für die Kranken, die die meisten afrikanischen Staaten sind, nicht größere Risiken mit sich bringt.

19. Kimba Idrissa (Hrsg.), *Armée et politique au Niger*, Codesria 2008.

20. In Niger hat Präsident Mahamadou Issoufou zweimal (im August 2011 und im Dezember 2015) erklärt, dass er einen Militärputschversuch vereitelt habe, bei dem er gar ermordet werden sollte. Kimba Idrissa erklärt, dass »das Militär immer in einem Kontext der Staatskrise, der Armut und der materiellen Knappheit interveniert«; er nennt Militärputsche »ein Instrument der korporatistischen Regulierung, ein Mittel, um eine marginalisierte, enteignete, frustrierte oder sogar bedrohte Armee zu rehabilitieren« (Kimba Idrissa (Hrsg.), *Armée et politique au Niger*, op. cit.).

21. Der Staatsstreich von Hauptmann Sanogo wurde daraufhin von allen ECOWAS-Mitgliedstaaten scharf verurteilt, die sogar damit drohten, ein Kontingent nach Bamako zu entsenden, um die Putschisten zu vertreiben. Die Situation in Bamako wurde damals als dringlicher eingestuft als die Lage im Norden Malis, wo bewaffnete Gruppen mehrere Ortschaften unter ihre Kontrolle gebracht und dort eine eigene Verwaltung eingerichtet hatten.

22. Nachdem nun die Dschihadistengruppen aus den wichtigsten Städten im Norden Malis vertrieben worden sind, führen die ausländischen Streitkräfte seit 2014 nur noch sporadische Aktionen durch und scheinen Mali nicht bei der Wiederherstellung seiner territorialen Integrität helfen zu wollen.

23. Die Verfassungen von Mali und Niger, in denen der Laizismus oder die »Konfessionslosigkeit« des Staates verankert ist, untersagen die Gründung einer politischen Partei auf konfessioneller Grundlage.

24. Siehe International Crisis Group, *Islam and Politics in Mali, between Reality and Fiction*, Africa Report No. 249, 18. Juli 2017.

25. Das Beispiel Algerien ist in dieser Hinsicht sehr aussagekräftig.

26. Achille Mbembe, *Un désir fondamental d'insurrection s'exprime sous-desformes nouvelles*, Interview von Rosa Moussaoui, L'Humanité, 20. Mai 2016, http://www.humanite.fr/achille-mbembe-un-desir-fondamental-dinsurrection-sexprime-sous-des-formes-nouvelles-607510.

27. Cyril Bensimon, *Le Tchad sous la menace d'une explosion sociale*, Le Monde, 20. Dezember 2016, 54, http://www.lemonde.fr/afrique/article/2016/12/20/le-tchad-sous-la-menace-d-une-explosion-sociale_5051735_3212.html.

28. OXFAM Frankreich, *Areva au Niger: à qui profite l'uranium ?* 19. Dezember 2013, https://www.oxfam.org/fr/salle-de-presse/communiques/2013-12-19/areva-au-niger-qui-profite-luranium.

29. Achille Mbembe, *Un désir fondamental d'insurrection s'exprime sous des formes nouvelles*, loc. cit.

Anhang: Boko Haram im Tschadseebecken

Nach dem blutigen Angriff von Boko Haram auf Stellungen der nigrischen Armee in Bosso (im Südosten des Landes) am 3. Juni 2016 fiel es mehr als einem Beobachter auf, dass sich die Erklärungen der nigrischen Beamten sehr darauf konzentrierten, die Verantwortung der nigerianischen Behörden für einen »politisch-religiösen Konflikt« herauszustreichen, der von ihrem Territorium seinen Ausgang genommen hatte. Der erste diesbezügliche Vorwurf wurde vom nigrischen Verteidigungsminister Massaoudou Hassoumi geäußert, welcher nachzuweisen suchte, dass die »Neugründung« von Boko Haram nach ihrer Zerschlagung durch die nigrische und tschadische Armee im März 2015 nur deshalb möglich gewesen sei, weil es die nigerianische Armee versäumt habe, die von der Terrorgruppe übernommenen Positionen auf der Achse Mallam Fatori–Damasak zu besetzen. Eine differenziertere Erklärung wurde dann von Präsident Issoufou in einem Interview mit der französischen Tageszeitung *Le Monde* während seines Besuchs in Frankreich vom 13. bis zum 16. Juni 2016 formuliert: »Es gibt keine dauerhafte Präsenz von Boko Haram in Niger, aber es ist nicht ausgeschlossen, dass sich in Nigeria ansässige Nigrer an dieser Organisation beteiligen.«

Weiterhin stellten sowohl Präsident Issoufou als auch sein Verteidigungsminister die Behauptung auf, dass Nigeria der einzige Ausgangspunkt des Boko-Haram-Aufstandes sei. Beide gaben an, dass sich in Niger keine Basis der Gruppe befinde und dass der Gruppe ausschließlich solche Nigrer angehörten, die in Nigeria ansässig seien. Diese Behauptungen waren umso schwerer zu akzeptieren, als allgemein bekannt war, dass zur gleichen Zeit mehrere hundert Personen, die meisten von ihnen nigrische Staatsbürger, wegen angeblicher Verbindungen zu Boko Haram in den Gefängnissen von Kollo und Koutoukalé inhaftiert waren. Das Ziel dieser Behauptungen bestand offenbar ganz einfach darin, sowohl intern als auch extern die Möglichkeit eines nigrisch-tschadischen Militäreinsatzes auf nigerianischem Territorium zu rechtfertigen, welche der nigrische Verteidigungsminister während seiner Pressekonferenz zum Angriff von Boko Haram in Bosso angedeutet hatte.

Die Regionalisierung des Konflikts – ein Glücksfall für Nigeria?

Nachdem sie vergeblich auf den Einsatz einer multinationalen Truppe gewartet hatten, beschlossen die nigrischen Behörden, die Angelegenheit selbst in die Hand zu nehmen und den Krieg gegen Boko Haram an die nigerianische Front zu tragen – also an den Ort, wo die Bewegung entstanden war und wo sie über Stützpunkte verfügte, von denen ihre Angriffe ausgingen.

Diese Strategie, eine Wiederholung derjenigen, die ab März 2015 umgesetzt worden war, ergab sich vor allem aus der berechtigten Sorge dieser Behörden, dass Boko Haram in den nigrischen Teil des Tschadsees übersiedeln könnte. Sie schien aber auch von einer Art Trotzreaktion diktiert zu sein, sowohl gegenüber der internationalen Gemeinschaft, die kein Zeichen des guten Willens hinsichtlich der Finanzierung der multinationalen Truppe zeigte, als auch gegenüber dem nigerianischen Staat, dessen angebliche oder tatsächliche Verzögerungstaktik Niamey als einen der entscheidenden Faktoren für das Wiedererstarken der Terrorgruppe betrachtete. Der nigrische Verteidigungsminister brachte dies auch deutlich zum Ausdruck, indem er betonte, dass der größte Fehler der nigrischen und tschadischen Behörden darin bestanden habe, ihre Streitkräfte aus allen Städten im nordöstlichen Teil Nigerias abzuziehen, aus denen sie die Boko-Haram-Mitglieder nach ihrer Intervention im März 2015 erfolgreich vertrieben hatten.

Die nigerianischen Behörden schwiegen zur Kritik ihrer Kollegen aus den französischsprachigen Nachbarländern. Sie schienen ihre Entschlossenheit, eine Großoffensive gegen Boko Haram in den Grenzgebieten zu beginnen, sogar zu akzeptieren oder sie zumindest zur Kenntnis zu nehmen. Diese Haltung legte den Schluss nahe, dass die nigerianischen Behörden einsahen, dass sie bei der Kritik aus den Nachbarländern für ihre angeblich laxe Haltung nichts zu verlieren hatten. Und dass sie im Gegenteil von einer möglichen Militäroffensive Nigers und des Tschads gegen Boko Haram, auch auf nigerianischem Territorium, profitieren würden, da die Aktionen dieser Gruppe Nigeria sicherlich mehr schadeten als seinen Nachbarn.

Während der Präsidentschaft von Goodluck Jonathan (2010–2015) bestand die politisch-diplomatische Strategie des nigerianischen Regimes übrigens darin, die Aufmerksamkeit dieser Länder, aber auch Frankreichs, auf den regionalen Charakter dieser Bedrohung zu lenken. Das damalige nigerianische Informationsministerium hatte es im Januar

2014, kurz vor einem Besuch von Präsident François Hollande in Abuja, deutlich gemacht: Der Aufstand von Boko Haram könnte zu einem »großen Problem für Frankreich und die westlichen Interessen in Westafrika«[1] werden. Diese Warnung wurde damals nicht sehr ernst genommen, weder von Frankreich – dessen Engagement gegen Boko Haram nie über die feierlichen Erklärungen der Regierungschefs hinausging – noch von den Nachbarländern Nigerias, insbesondere Niger und Tschad, deren Regierungschefs sich zwar der vorhersehbaren sozioökonomischen Folgen des Aufstands bewusst waren, die Bedrohung aber noch als bloß virtuell betrachten konnten.

Aus diesem Grund zögerten auch die Staats- und Regierungschefs beider Länder nicht, im November 2014 ihre Militärkontingente aus Nigeria abzuziehen, die seit 1998 in der Multinational Joint Task Force (MNJP) zur Bekämpfung des Waffenhandels und aller Formen von organisierter Kriminalität im Tschadseebecken engagiert waren. Dieser multinationalen Truppe, die sich aus Mitgliedern der Streitkräfte des Tschad, Nigerias und Nigers zusammensetzte, war es über mehrere Jahre gelungen, ein Klima relativer Sicherheit im Tschadseebecken aufrechtzuerhalten.[2]

Nach dem faktischen Zerfall dieser multinationalen Truppe mit dem sukzessiven Abzug des tschadischen und des nigrischen Kontingents war es für die Aufständischen von Boko Haram ein Leichtes, im Januar 2015, in einem ihrer Angriffe mit den meisten Todesopfern, die Kontrolle über die Stadt Baga in Nigeria zu übernehmen, in der sich das Hauptquartier der Truppe befand.[3] Hierdurch gelang es

Boko Haram, eine strategisch wichtige Position im Tschad-seebecken zu besetzen und eine beeindruckende Menge an Waffen in Besitz zu nehmen, welche von der in die Flucht geschlagenen nigerianischen Armee zurückgelassen worden waren.

Erst nach diesem tragischen Ereignis wurden sich die Nachbarländer Nigerias des Ausmaßes der von Boko Haram ausgehenden Gefahr bewusst. Diese Einsicht fand ihren Ausdruck darin, dass bereits am 25. Januar in Niamey ein Treffen der Mitgliedsländer der Tschadseebeckenkommission stattfand, auf dem die Aufstellung einer multinationalen Truppe mit 8 000 Soldaten beschlossen wurde. Die französischsprachigen Nachbarländer Nigerias, insbesondere Niger, Tschad, Kamerun und Benin, hatten eine neue Berufung entdeckt: Sie wollten die internationale Gemeinschaft zu dem Versuch bewegen, ihren großen Nachbarn zu retten und die dschihadistische Bedrohung vor ihrer Haustür einzudämmen.

Einige Tage nach dem Treffen in Niamey wurde der offizielle Eintritt dieser frankophonen Länder in den Krieg gegen Boko Haram in Ndjamena bekannt gegeben, wo das Parlament auf Antrag von Präsident Idriss Déby, der sich bis dahin lediglich als Vermittler bei der Befreiung der Chibok-Mädchen – 276 nigerianischer Schülerinnen, die im April 2014 von Boko Haram entführt worden waren – hervorgetan hatte, die Entsendung der tschadischen Armee nach Kamerun und dann nach Nigeria genehmigt hatte. Der erste Angriff von Boko Haram in Niger erfolgte am 6. Februar 2015 in Bosso; er wurde dank der vereinten Anstrengungen der tschadischen und nigrischen Armee mit Entschlossenheit zurückgeschlagen.

Im März 2015 beschlossen die beiden Armeen mit Billigung der Behörden in Abuja eine Großoffensive auf nigerianischem Territorium. Diese Entscheidung gründete in dem Bestreben, vor den für das politische Überleben des Regimes von Präsident Goodluck Jonathan bedeutsamen Doppelwahlen zumindest einige größere militärische Siege gegen Boko Haram zu erringen. Diese Offensive ermöglichte es den beiden Armeen, in Rekordzeit die meisten nigerianischen Städte entlang der Grenze zu Niger zurückzuerobern; doch nur wenige Zeit nach der Wahlniederlage Goodluck Jonathans, der von dem für seine Integrität und seinen Patriotismus bekannten ehemaligen General im Ruhestand, Muhammadu Buhari, geschlagen wurde, zogen sich die Armeen des Tschad und des Niger aus dem nigerianischen Hoheitsgebiet zurück – sehr zur Freude von Boko Haram, deren Mitglieder sich beeilten, ihre Stellungen zurückzuerobern.

Ein Jahr später räumten die nigrischen und tschadischen Behörden ein, dass der Abzug ein großer Fehler gewesen war, und erklärten, sie seien entschlossen, ihren Erfolg vom März 2015 zu wiederholen und ihre Truppen mit oder ohne internationale Unterstützung gegen Boko Haram auf nigerianischem Territorium kämpfen zu lassen. Seitdem ist aufgrund der Gefahr, die die Gruppierung für die gesamte Region darstellt, kein Anrainerstaat des Tschadseebeckens mehr versucht, Boko Haram in irgendeiner Weise nachgiebig zu begegnen. Dies ist dem nigerianischen Staat zu verdanken, der die Aufständischen durch einige militärische Erfolge dazu getrieben hat, sich im Tschadseebecken festzusetzen;

doch es ist auch den Anführern von Boko Haram selbst zu verdanken, die mit ihren Angriffen auf Niger allen vor Augen geführt haben, dass sie nach wie vor eine reale Bedrohung für die Stabilität aller Länder in der Region darstellen.

Die im Juni 2016 von den Regierungschefs von Niger und Tschad bekundete Absicht, eine neue Großoffensive gegen Boko Haram auf nigerianischem Gebiet zu beginnen, hatte daher eine ganz besondere Bedeutung. Denn sie sollte Aufschluss darüber geben, ob auch die ehemaligen Kolonialmächte und die USA das Wiederaufleben von Boko Haram als ernsthafte Bedrohung ihrer strategischen Interessen in der Region betrachten und nicht als eine Gelegenheit zur Umsetzung unredlicher Vorhaben. So erwartet die Öffentlichkeit mit Spannung die Antwort, die diese Mächte auf die Bitten der Staats- und Regierungschefs der Anrainerstaaten des Tschadseebeckens geben werden, welche bekanntlich zurzeit nicht in der Lage sind, die Bedrohung durch Boko Haram oder die durch seine Angriffe verursachten humanitären Herausforderungen allein zu bewältigen.

Boko Haram als Schachfigur in der Hegemonialstrategie der Westmächte?

Laut der französischen Wochenzeitung *Paris Match* hat Präsident Issoufou, der im Juni 2016 nach Paris und Bonn reiste, um die beiden europäischen Großmächte Frankreich und Deutschland um Unterstützung im Kampf gegen Boko Haram zu bitten, nicht viel erreicht. Zudem verdeutlichte die von Präsident Hollande nach seinem Treffen mit dem nigrischen Amtskollegen abgegebene Erklärung, dass Niger von Pariser Seite eher als Partner im Kampf gegen die illegale Einwanderung denn als Partner im Kampf gegen Boko Haram geschätzt wird. Denn während Boko Haram heute die größte Gefahr für die Sicherheit und Entwicklung in Niger darstellt, ist die illegale Einwanderung eine Thematik von vergleichbarer Wichtigkeit für ganz Europa. Das Geld und die Waffen, die Präsident Issoufou nicht für den Kampf gegen Boko Haram erhalten hat, hätte er sicherlich ohne

Schwierigkeit erhalten, wenn sich die Offensive, die er und sein tschadischer Amtskollege planen, gegen die Migrationswege richten würde.

Man wird den misstrauischsten Beobachtern der geostrategischen Bühne Afrikas darin Recht geben müssen, dass sich die Bedrohung, die Boko Haram für die Anrainerstaaten des Tschadseebeckens darstellt, aus Sicht der hegemonialen Strategie der westlichen Großmächte als eine Chance präsentiert. Denn Boko Haram hat es in nur wenigen Jahren dahin gebracht, Nigeria als politische, wirtschaftliche und militärische Macht zu schwächen. Die Gruppe hindert das Land daran, von seinen Öleinnahmen zu profitieren, von denen ein Teil durch fiktive Waffenkäufe von seiner Führung veruntreut und beiseite geschafft wird.[4] Ebenso wird Nigeria durch Boko Haram daran gehindert, die Reserven an schwarzem Gold im Tschadseebecken zu nutzen, deren Erschließung es dem Land ermöglicht hätte, seine Bedeutung innerhalb der Gruppe der ölproduzierenden Länder zu erhöhen.

Es wird immer schwieriger, die Tatsache zu übersehen, dass das Tschadseebecken erst zu einem der heißesten Konfliktherde Afrikas wurde, als das schwarze Gold aus den Quellen von Doba im Tschad und Agadem in Niger zu sprudeln begann und in Nigeria die Entscheidung gefällt wurde, dass die Zeit gekommen sei, die Reserven im Bundesstaat Bornou zu erschließen. In jedem Fall hat die rasche Ausbreitung von Boko Haram Nigerias Ölprojekt im Tschadseebecken gestoppt und Nigers Vorhaben, sein Rohöl über die Tschad-Kamerun-Pipeline zu exportieren, verzögert.

Eine Gemeinsamkeit all dieser Projekte besteht darin, dass sie in Zusammenarbeit mit chinesischen Unternehmen durchgeführt werden; eine weitere bildet der Umstand, dass sie jeweils darauf abzielen, den Autonomiespielraum der Trägerländer zu vergrößern. Das Ergebnis der Expansion von Boko Haram war, dass sich die Anrainerstaaten des Tschadseebeckens, die all ihre Hoffnungen auf ihre Ölprojekte gesetzt hatten, mit enormen wirtschaftlichen Schwierigkeiten konfrontiert sahen. Dies ging so weit, dass sie große Schwierigkeiten hatten, die Monatsgehälter ihrer Beamten zu zahlen und die von Boko Haram verursachten sicherheitspolitischen und humanitären Herausforderungen zu bewältigen.

Wie viele internationale Beobachter betonen, stehen die von den Anrainerstaaten des Tschadseebeckens initiierten Ölprojekte mit chinesischen Unternehmen im Zentrum dieses bewaffneten Aufstands, der die gesamte Region erschüttert.[5] Der groß angelegte Eintritt chinesischer Unternehmen in den Markt der Ölproduktion in Afrika weckt das Misstrauen vieler westlicher Länder und der Golfstaaten. Seit einigen Jahren ist der Zugang zu und die Kontrolle über die afrikanischen Ölreserven zu einem der großen Streitgegenstände in dem bald heimlich, bald offen geführten Wirtschaftskrieg zwischen den westlichen Mächten und der Volksrepublik China geworden. Dieser Krieg begann Mitte der 2000er Jahre im Sudan, in welcher Zeit die chinesische CNPC zum Hauptförderer und -käufer von Öl wurde – zungunsten westlicher Unternehmen, insbesondere des amerikanischen Unternehmens Chevron, das 1978 die Ölfelder im Süden des Landes entdeckt hatte.[6]

Dieser Krieg führte 2011 zur Teilung des Landes in zwei souveräne Einheiten (Sudan und Südsudan), nachdem die Zentralregierung in Khartum jahrzehntelang einen besonders blutigen Sezessionskrieg gegen die südlichen Rebellen unter John Garang und später gegen die von der US-Regierung unterstützten Rebellen in Darfur geführt hatte. Doch während es den USA gelang, die Einheit des Sudan zu zerschlagen, scheiterten sie doch bei dem Versuch, die Kontrolle über die lokalen Ölfelder von der chinesischen CNPC zurückzuerlangen.

Dadurch, dass die CNPC-Manager als »Sieger« aus diesem ersten chinesisch-amerikanischen Ölkrieg hervorgingen, fühlten sie sich in ihrem Vorhaben bestärkt, ihre Aktivitäten auf weitere afrikanische Länder auszuweiten. Sie verstanden sehr gut, wie sie von der Rezession der westlichen Volkswirtschaften profitieren konnten, indem sie den afrikanischen Staaten eine historische Gelegenheit boten, neue Partner im Energiebereich zu gewinnen. Innerhalb weniger Jahre wurde die CNPC zum wichtigsten Akteur in der Ölproduktion in den Anrainerstaaten des Tschadseebeckens, insbesondere im Tschad, wo sie 2007 alle lokalen Anteile des kanadischen Unternehmens Encana aufkaufte und Genehmigungen für die Ausbeutung von Vorkommen an der libyschen Grenze und im Tschadseebecken erhielt. Gleiches gilt für Niger, wo die CNPC 2008 ein Projekt zur Ausbeutung der Vorkommen in der Nähe des Tschadseebeckens anstieß, und für den Sudan, wo sie im selben Jahr ein entsprechendes Projekt zur Ausbeutung der Lagerstätten von Agadem[7] in der Nähe des Tschadseebeckens initiierte.

Ebenso haben die chinesischen Ölgesellschaften bedeutende Verträge abgeschlossen – mit Nigeria über die Ölexploration im Nigerdelta und im Tschadsee und den Bau von Raffinerien; mit Kamerun über den Bau von Pipelines und den Transit des in Niger und im Tschad geförderten Öls; und mit der Zentralafrikanischen Republik über die Ölexploration im Norden des Landes. Zudem sind sie in Algerien, Mali und Mauretanien präsent, wo sie sich für die Ausbeutung des schwarzen Goldes im gewaltigen Taoudenit-Becken in Stellung bringen.

Die chinesische Offensive im afrikanischen Ölsektor, die Teil der globalen Strategie Pekings ist, ausländische Märkte für seine Produkte zu erschließen und die Versorgung seiner Industrie mit strategischen Rohstoffen zu sichern, ereignete sich vor dem Hintergrund der Weltwirtschaftskrise. Sie stellt eine umso ernstere Bedrohung für die westlichen Großmächte dar, als sie sowohl in den Kreisen der afrikanischen Mächte wie auch in der öffentlichen Meinung, die es zunehmend leid ist, unter ihrem Diktat zu leiden, auf ein recht positives Echo stößt.

Die Ölproblematik erklärt nicht alles

Nimmt man alles Gesagte zusammen, so wird deutlich, welche Bedeutung Boko Haram im Krieg der westlichen und chinesischen Großunternehmen um den Zugang zu und die Kontrolle über die Ölfelder der Länder des Tschadseebeckens zukommt. Vor allem in Zeiten der Weltwirtschaftskrise, in denen die chinesischen Unternehmen trotz des von den USA und ihren Verbündeten am Golf vorangetriebenen Verfalls der Weltölpreise mehr Trümpfe in der Hand zu haben scheinen.

Man muss feststellen, dass im Zeitraum zwischen 2010 und 2017 alle Versuche, die von chinesischen Unternehmen im Tschad oder in Niger erlangten Vorteile neu zu verhandeln oder in Frage zu stellen, kläglich an der Unnachgiebigkeit der chinesischen Partner gescheitert sind. Dies gilt insbesondere für das von Ndjamena initiierte Tauziehen um die Nichteinhaltung von Umweltstandards durch das chinesische Unternehmen CNPC, das im April 2014 mit einer Geldstrafe von 800 Millionen Euro belegt wurde, die es jedoch nicht zu zahlen bereit war.[8] Ebenso verhielt es sich bei den 2015 von den nigrischen Behörden mit der CNPC eingeleiteten Verhandlungsrunden über die Kosten der Raffinerie in Zinder und die Rolle der Société nigérienne des produits pétroliers (SONIDEP) beim Export von raffiniertem Öl. Die Regierungen beider Länder gaben schließlich angesichts der Unnachgiebigkeit der chinesischen Ölgesellschaften nach, da es sich für sie als schwierig erwies, eine tragfähige Alternative zu finden. Ein Bruch mit diesen Unternehmen könnte ihnen nämlich jede Möglichkeit nehmen, Zugang zu den Schaltern der EximBank China zu erhalten. Diese ist zu einem Hauptakteur bei der Finanzierung von Entwicklungsprojekten geworden, und zwar zu Bedingungen, die nicht selten attraktiver sind als jene, die von den traditionellen Gläubigern angeboten werden.

So könnte nur eine Destabilisierung der Anrainerstaaten des Tschadseebeckens ein ernsthaftes Hindernis für die Ambitionen der chinesischen Unternehmen darstellen, die Ölfelder in dieser Region zu erobern. Dies ist einer der Gründe, warum einige Analysten argumentiert haben, dass die Regionalisierung des bewaffneten Aufstands von Boko Haram nicht von dem verdeckten Krieg zu trennen sei, den die westlichen Mächte, insbesondere die USA und Frankreich, gegen China um den Zugang zu und die Kontrolle über die Energieressourcen führen würden. Die Argumente dieser Analysten stützen sich auf den oben erwähnten Präzedenzfall im Sudan, aber auch auf Fakten wie die Geiselnahmen von Angehörigen westlicher Staaten und die Herkunft der bei den Boko-Haram-Kämpfern beschlagnahmten Waffen.

Zwischen 2010 und 2014 entführten Mitglieder von Boko Haram, deren Aktionen sich bis dahin auf Selbstmordattentate und Angriffe auf zivile und militärische Ziele im Nordosten Nigerias beschränkt hatten, in Kamerun mehrere Angehörige westlicher Staaten, zumeist Franzosen, und außerdem auch Chinesen.[9] Die rasche Freilassung dieser Geiseln nach Verhandlungen zwischen der kamerunischen Regierung und den Verantwortlichen von Boko Haram wurde in bestimmten Kreisen als Zeichen des Einverständnisses zwischen den Letzteren und Frankreich gedeutet; insbesondere nach den Äußerungen des tschadischen Kommunikationsministers Hassane Sylla, der bei einer Pressekonferenz im März 2015 in Yaoundé behauptete, dass »40 Prozent der von den Streitkräften des Tschad bei den Kämpfern von Boko Haram beschlagnahmten Waffen aus französischer Produktion stammen«[10]. Bald auf diese Enthüllung folgte eine Erklärung des französischen Botschafters im Tschad, in der er diese Behauptung zurückwies: »Laut mehreren Berichten wurde ein Großteil der Waffen von Boko Haram der nigerianischen Armee entwendet, ein anderer Teil stammt aus illegalen Geschäften in der Region.« Dieses Dementi überzeugte jedoch die wenigsten, da verschiedene Gerüchte sowohl über eine mögliche Lösegeldzahlung für die Freilassung der Geiseln als auch über angebliche Waffenlieferungen an die Terrorgruppe kursierten.

Besonders groß ist das Misstrauen der hiesigen Öffentlichkeit gegenüber Frankreich. Die Erinnerungen an den Biafra-Krieg von 1968–1970, bei dem die damalige französische Führung die nigerianischen Sezessionisten unerschütterlich unterstützte, sind immer noch lebendig. Ebenso hat man nicht vergessen, dass ihre Nachfolger in der jüngeren Vergangenheit die westliche Intervention in Libyen im Jahr 2011 vorangetrieben haben. Diese bildete den Ausgangspunkt für eine beispiellose Destabilisierung der gesamten Sahel-Sahara-Region, bei der ihnen von einigen die Absicht einer neuen Grenzziehung unterstellt wird.

Schließlich wurden diese Verdächtigungen auch durch die Tatsache genährt, dass der französische Militäreinsatz in Mali im Januar 2013, welcher als Rettungsaktion für ein von dschihadistischen Gruppen bedrohtes Land präsentiert wurde, sich schnell in eine Operation zur Gewinnung der militärischen Kontrolle im Sahel-Sahara-Raum verwandelte. Ohne das Problem der faktischen Teilung des malischen Territoriums gelöst zu haben, dessen gesamter nördlicher Teil sich auch vier Jahre später noch der Kontrolle der Zentralregierung in Bamako entzog, wurde aus der Operation Serval die Operation Barkhane, bei der französische Streitkräfte in Niger, Burkina Faso und im Tschad eingesetzt wurden. Es ist daher nicht unbedeutend, dass die seit 2015 zunehmenden Angriffe von Boko Haram in Niger die Frage der Präsenz ausländischer Streitkräfte, insbesondere Frankreichs, erneut auf den Tisch gebracht haben.

Doch ist die Bedrohung durch Boko Haram im gesamten Tschadseebecken nur deshalb so groß geworden, weil es den Ländern der Region nach mehr als einem halben Jahrhundert der Unabhängigkeit nicht gelungen ist, ein Modell der demokratischen Staatsführung und der integrativen sozialen und wirtschaftlichen Entwicklung zu etablieren. So zeichnen sich die Gebiete, in denen die Terrorgruppe gedeihen konnte – der Nordosten Nigerias, der Norden Kameruns, der Südosten Nigers und der Westen des Tschad – nicht nur durch große Ölvorkommen aus, die von außen begehrt werden; vielmehr handelt es sich zugleich um Randregionen, die von den Folgen des Klimawandels dauerhaft betroffen sind, kaum von öffentlichen Investitionen profitieren und vor allem der Nachlässigkeit einer bisweilen sehr korrupten staatlichen Verwaltung ausgesetzt sind, die immer dann Gewalt anwendet, wenn sie sich in Frage gestellt fühlt.

Es ist daher kein Zufall, dass die meisten Bücher, Studien, Reportagen und Dokumentationen über Boko Haram, die in den letzten Jahren erschienen sind, zwei Hauptpunkte hervorheben:[11] Zum einen besteht ein offensichtlicher Zusammenhang zwischen der Entstehung dieser Bewegung und der Frustration, die sich infolge der fortdauernden, gleichsam endemischen Armut in der hauptsächlich jungen und auf dem Land lebenden Bevölkerung ausgebreitet hat. Zum anderen hat sich der Umstand, dass die nigerianischen Behörden zu Beginn des Konflikts systematisch von Formen der polizeilichen und militärischen Repression gemacht haben, als ein Katalysator für die Revolte ausgewirkt. Boko Haram hat also mehr von der schlechten Regierungsführung der Staaten in der Region profitiert, welche von Korruption und dem Fehlen einer Kultur der Achtung der Rechte und des Dialogs geprägt war, als von den gleichwohl sehr realen Versuchen der Großmächte, die Landressourcen und die Bodenschätze zu kontrollieren.

Anmerkungen

1. AFP, 25. Januar 2014.
2. Die Idee zur Schaffung dieser multinationalen Truppe, die zunächst als gemischte Patrouille bezeichnet wurde, entstand im November 1984 bei einem Treffen der Tschadseebeckenkommission in Maiduguri, Nigeria; zehn Jahre später wurde sie bei einem weiteren Treffen der Organisation, das vom 10. bis zum 13. November 1994 in Maiduguri stattfand, erneut aufgegriffen.
3. In einem Bericht von Amnesty International wird die Zahl der Todesopfer mit 2000 angegeben.
4. Im Juni 2016 berichtete die Website *Sahara Reporters*: »Detectives have traced about N4.745billion of the diverted $2.1billion arms cash to a former Minister of State (Defence), Musiliu Obanikoro and Ekiti State Governor Ayodele Fayose« (EFCC Traces N4.7b Arms Cash To Fayose, Obanikoro, http://sahara reporters.com, 22. Juni 2016). Und das war nur ein Teil des veruntreuten Geldes.
5. Carlos Bake und Olivier A. Ndenkop, *Boko-Haram: le bras armé de l'Occident pour détruire le Nigeria et chasser la Chine du Golfe de Guinée*, Le Journal de l'Afrique, Nr. 3, 24. Oktober 2014, Investig'Action.
6. Severin Tchatchoua Tchokonte, *Sudan: Der geheime amerikanisch-chinesische Krieg*, Diploweb.com, 25. August 2013.
7. Quellen: Verschiedene Artikel auf der Website der Agence Ecofin, www.agen ceecofin.com; siehe auch Fabienne Pinel, *La Chine, le pétrole et l'Afrique*, Afrik. com, 28. April 2006.
8. *Tchad: Une compagnie pétrolière chinoise poursuivie au pénal*, RFI, 10. August 2014.
9. Die bekanntesten Fälle sind die der Familie Tanguy Moulin-Fournier und von Pater Georges Vandenbeusch; es gibt auch den Fall der italienischen und kanadischen Ordensleute Gianpaolo Marta, Gianantonio Allegri und Gilberte Bussier, die in Kamerun entführt wurden.
10. Aussagen, die von mehreren kamerunischen und tschadischen Medien berichtet wurden (siehe u. a. www.tchadinfos.com).
11. International Crisis Group, *Curbing Violence in Nigeria (II). The Boko Haram Insurgency*, April 2014; Marc-Antoine Pérouse de Montclos, *Nigeria's interminable insurgency? Adressing the Boko Haram crisis*, Chatham House, September 2014; Amnesty International, *Nigeria: Trapped in the Cycle of Violence*, 2012; Human Rights Watch, *Spiraling Violence. Boko Haram Attacks and Security Force Abuses in Nigeria*, op. cit.; United States Institute of peace, *Why do Youth Join Boko Haram*, op. cit.; Xavier Muntz und Bruno Fay, *Boko Haram, les origines du mal*, Dokumentarfilm, 2016.